위·진·남북조(분열과 역동의 시대)

분열과 혼란 속에서도 통일의 기반을 마련하고 수준

KB102070

[위·진·남북조] 주요 연표

CE	· 184년	황건적의 난 발생
	· 208년	적벽대전 발발
	· 220년	후한 멸망, 위 건국
	· 265년	사마염이 진(晉) 건국
	· 317년	사마예가 동진(東晉) 건국
	· 420년	유유가 송 건국
	· 439년	북위가 북조 통일, 남북조 성립
	· 485년	북위에서 균전제 실시
	· 494년	윈강석굴 완공
	· 520년경	달마대사가 중국에 도착
	· 534년	북위가 동위와 서위로 분열
	· 581년	양견이 수 건국

위 · 진 · 남북조

Thinking Power Series - World History Collection 12
The Wei-Chin Southern and Northern Dynasty

Written by Choi Mi-hyun.
Published by Sallim Publishing 2019.

제4차 산업혁명 세대를 위한
생각하는 힘 세계사컬렉션 **12**

분열과 역동의 시대

위·진·남북조

최미현 지음

살림

| 일러두기 |

중국 지명 중 현대까지 이어지는 지명은 현대 중국어 발음으로 표기한다. 단, 현재는 사라진 옛 지명·널리 알려진 역사적 사건·사적명에 쓰인 경우는 한문 독음으로 표기한다.

예) 관도대전, 적벽대전

위·진·남북조 시대를 통해
'역사의 역설'을 배우다

중국에도 우리나라처럼 삼국 시대가 있었다. 우리나라에서는 고구려·백제·신라가 삼국 시대를 이루었다면, 중국에서는 위·촉·오가 삼국 시대를 이루었다. 중국의 삼국 시대에는 소설, 만화, 영화, 게임 등을 통해 우리에게 익숙한 유비, 관우, 장비를 비롯해 제갈공명, 조조, 손권, 동탁, 여포 등이 활약했다. 이들은 소설이나 게임 속 주인공이기 전에 위·진·남북조 시대를 살았던 실존 역사 인물이다.

명나라 때 나관중은 삼국 시대를 배경으로 소설 『삼국지연의』를 지었는데, 이 소설에서는 유비를 정통으로 삼아 이야기를 서술한다. 반면 같은 시대의 같은 인물들을 주인공으로 등장시킨 진수의 역사책 『삼국지』는 조조를 중심으로 이야기를 진행한다. 다시 말해, 누가 어떤 관점으로 서술하느냐에 따라 같은 역사도 전혀 다른 이야기로 서술될 수 있다는 것이다.

위·진·남북조 시대는 크게 세 시기로 나눌 수 있다. 첫 번째 시기는 위·촉·오가 경합했던 삼국 시대. 두 번째 시기는 북방 초원 지대의 다섯 민족이 한족과 경쟁하는 과정에서 세운 13개 나라와 한족이 세운 3개의 나라가 등장하는 5호 16국 시대. 마지막으로 세 번째 시기는 다섯 북방 민족이 통일되어 북쪽을 지배하고, 남쪽은 한족이 지배하는 남북조 시대.

위·진·남북조 시대는 진(秦)·한(漢)의 통일 제국이 분열된 이후부터 다시 수(隋)·당(唐)으로 통일되기 전까지 다양한 변화를 경험했다. 이전보다 남북으로 영토가 확대되었고, 이에 따라 한족 중심이었던 중국 사회에 북방 민족의 문화가 융합되면서 다채로운 문화가 꽃피웠다.

겉으로만 보면 위·진·남북조 시대는 패권을 차지하기 위해 지배층은 서로 죽고 죽이기를 반복하고, 백성은 계속 불안에 떨어야 했던 혼란의 시기였다. 중국의 오래된 수도인 뤄양은 이 혼란 속에서 불태워지기까지 했다. 북방에서는 이민족이 중원을

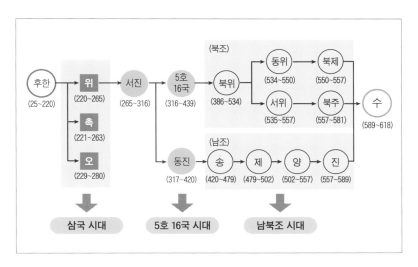

- **위·진·남북조 시대 전개도**
  위·진·남북조 시대는 후한이 멸망한 직후(220)부터 수가 건국되기 직전(589)까지 시기에 해당한다. 이 시대는 크게 삼국 시대와 5호 16국 시대, 남북조 시대로 나뉜다.

차지하기 위해 치열한 싸움을 벌였고 결국 자신들의 왕조를 세웠다. 이 과정에서 배신과 분열이 난무하며 왕조의 교체가 빈번하게 이루어졌다.

그런데 이런 혼란 속에서도 오히려 인구가 증가하고 경제는 전보다 더 성장했다. 후한 때 전래된 불교도 널리 퍼져 특히 예술 분야가 발전했다. 화베이의 문화가 강남으로 이동하면서 양쯔강 유역과 그 이남이 개발되기 시작해 강남이 경제 중심지로 성장했다. 한편, 북방의 다양한 문화가 중국에 유입되었는데, 예컨대 유목 민족의 요구르트와 치즈 만드는 법, 소매가 좁고 몸에 붙는 옷 등이 전해졌다.

이처럼 위·진·남북조 시대는 혼란 속에서도 발전과 변화를 이어갔고, 그렇게 이전 시대보다 좀 더 발전된 세상을 만들면서 다음 시대를 준비하고 있었다. 따라서 위·진·남북조 시대를 선입견을 가지고 섣불리 판단하려는 마음은 일단 접어두고, 이 시대의 모습을 있는 그대로 바라보도록 노력해보자. 그런 다음에 역사를 판단해도 늦지 않을 것이다. 우리는 위·진·남북조 시대를 통해 '역사의 역설'을 배울 수 있다.

2019년 3월
최미현

• 차례 •

제1장 삼국 시대

제4장 남북조 시대

위·촉·오의 삼국 시대는 유비, 관우, 장비, 조조, 손권 등 영화나 만화, 소설 속 주인공들이 실제로 살았던 시대다. 중국이 분열하면서 수많은 영웅이 다시 천하를 통일하는 주인공이 되기 위해 치열하게 활동한 시기이기도 하다. 또 관도대전, 적벽대전 등 많은 전투가 치러지면서 무수한 군웅이 이름을 날리기도 했다.

위·촉·오 삼국은 천하 통일을 이루기 위한 부국강병에 힘썼다. 그래서 어지러운 난세에도 통일 중국을 위한 다양한 노력이 결실을 이룬 '도약의 시기'이기도 했다.

제1장

삼국 시대

01

대제국 한나라가 무너지다

후한을 세운 광무제(재위: 25~57)는 천하가 평정되자 나라를 다스리는 일에 힘을 기울였다. 백성을 위해 세금을 줄이는 정책을 추진해 경제가 안정되고 사회가 편안해졌다.

그러나 후한 말에는 외척과 환관이 등장하면서 정치가 문란해졌고, 사회도 무너지기 시작했다. 특히, 두 차례에 걸쳐 '당고의 화'가 발생했는데, 이는 사대부와 호족 세력이 환관의 독재 권력에 반대하다가 종신금고에 처해진 사건이다. 이 사건으로 당시 백성에게 지지를 받던 인물들이 제거되고 각지에서 반란이 일어났다. 이때 장각이 민중을 모아 태평도라는 종교 단체를 조직해 세력을 확장했다. 그러다가 정치 단체로 탈바꿈해 "후한 황조 타도!"를 외치며 반란을 일으켰다. 모두 머리에 누런 수건을 썼기 때문에 '황건적'이라 불렸다.

그 후 황건적은 정부군과 군벌에 의해 진압되었으나, 후한 황조는 이를 계기로 망국의 길로 들어서게 되었고, 마침내 역사는 위·촉·오 삼국 시대로 이어진다.

후한의 황실이 몰락하다

중평 6년(189) 4월 후한의 12대 황제인 영제(재위: 168~189)가 34세의 나이로 눈을 감았다. 영제는 천한 도축업자의 딸 하씨가 황자 변을 낳자 그녀를 태후로 삼았고 그녀의 오빠 하진을 대장군으로 임명했다. 황자 변이 태어나고 5년이 지난 뒤 후궁 왕씨가 또 다른 황자를 낳았다. 하지만 후궁 왕씨는 머지않아 살해되었고 이를 안타깝게 여긴 영제의 생모 동태후가 이 황자를 데려다 길렀다. 황자의 이름은 협이었다.

영제가 죽었을 때 황자 변은 열네 살, 협은 아홉 살이었다. 영제가 살아 있을 때 하태후는 자기 아들 변을 황태자로 세워달라고 요청했지만, 영제는 죽을 때까지 황태자를 책봉하지 않았다. 영제는 병석에 눕게 되자 당시 최고 실력자인 서원팔교위의 총

수 건석에게 황자 협의 장래 문제를 부탁했다.

건석은 황제의 유언을 받들어 황자 협을 황제에 올리고자 했다. 이를 위해 황자 변의 후견인인 하태후와 그의 오빠 하진을 제거해야겠다고 생각했다. 그는 하진에게 사람을 보내 "국가의 중요한 일로 상의할 것이 있으니 만납시다"라고 말하며 유인한 뒤 살해하려 했다. 하지만 사전에 정보가 새는 바람에 암살 계획은 실패로 돌아갔다.

영제가 세상을 떠난 뒤 황자 변이 황제로 즉위하고 대장군 하진이 실권을 장악했다. 하진은 건석이 자신을 제거하려 한 것에 복수를 준비하고 있었다. 때마침 원소가 정치 기강을 뒤흔든 환관을 제거해야 한다고 하진에게 주장했다. 하북의 호족인 원소는 4대에 걸쳐 재상을 배출한 명문 가문 출신이었다. 명문가에서 선비들의 신임을 받고 있다고 자부하던 원소는, 오랜 기간 선비들의 세력을 누르고 있던 환관들에게 적개심을 가지고 있었다.

황자 변이 즉위한 지 13일째 되는 날, 하진은 건석을 체포해 죽였다. 그사이 동태후는 자신이 키운 황자 협을 황제 자리에 올리려 했으나, 하진에게 선수를 빼앗기는 바람에 실패했다. 건석이 하진에게 죽임을 당하자 위기감을 느낀 환관들은 동태후의 오빠 거기장군 동중에게 의지하게 되었다. 바야흐로 시어머니

동태후와 며느리 하태후가 권력 다툼을 벌이게 된 것이다.

동태후는 하태후에게 말했다.

"내가 동중에게 명령을 내려 하진의 목을 베게 하겠소. 이는 손바닥을 뒤집는 일보다 더 쉬울 것이오."

하태후는 이 사실을 오빠 하진에게 알렸다. 하진은 곧바로 동중을 포위해 자결하도록 했고 동태후도 추방했다. 동태후는 이후에 갑자기 죽었는데, 나관중이 쓴 『삼국지연의(三國志演義)』에는 하진이 독살한 것으로 나와 있고, 사마표가 저술한 『구주춘추(九州春秋)』에는 자살한 것으로 나와 있다.

이런 일이 있고 난 뒤에 하진은 하태후에게 환관들을 모두 제거해야 한다고 건의했다. 그러나 하태후는 하진의 의견에 반대했다. 하태후가 섭정을 하려면 남자들을 상대해야 하는데, 환관이 없으면 곤란하다는 것이 그 이유였다. 또 하태후의 어머니와 하진의 동생 하묘도 환관들로부터 알게 모르게 뇌물을 받고 있었다.

한편, 환관의 숙청을 주장하는 원소는 사방에서 용맹한 장수들을 불러 모으고 있었다. 조조는 이를 알고 비웃었다고 한다.

"환관 제도는 옛날부터 있었다. 환관들을 죽이는 일은 일개 옥리(獄吏: 감옥에서 죄수들을 감시하는 일을 맡은 사람)로도 충분한데 무엇

때문에 여기저기서 군사를 모은단 말인가?"

동탁이 후한의 실권을 잡다

포악하기로 유명한 동탁은 이 무렵 하동(河東: 지금의 원천) 지방에 군사를 주둔시키고 있었다. 이때 하진에게서 뤄양으로 와달라는 요청을 받았다. 환관들을 죽이기 위한 병력이 필요했기 때문이다.

이러한 소문이 돌자 환관들도 하진을 제거할 음모를 꾸몄다. 이들은 하태후의 명령이라 속이고 하진을 황궁으로 불러 눈 깜짝할 사이에 제거했다. 머지않아 하진이 살해되었다는 소식이 궁궐 밖까지 퍼지자, 화가 난 원소의 사촌 동생인 원술과 하진의 부장 오광이 궁문을 부수고 쳐들어왔다.

원소는 황궁의 남문에 군사를 주둔시키고, 영제 때 정권을 잡아 조정을 농락한 10여 명의 환관들인 십상시(十常侍) 일부를 죽였다. 그리고 북문을 잠근 다음, 궁 안을 수색해 남아 있는 환관을 모조리 죽였다. 수염이 없는 사람은 모두 환관으로 여기는 바람에 실제로 환관이 아닌 사람도 억울하게 많이 죽었다고 한다. 당시 죽은 환관의 수는 무려 2,000여 명이나 되었다.

십상시에 속하는 장양과 단규는 황제와 황제의 동생 협을 데리고 궁을 탈출했으나, 다른 사람들의 추격을 받았다. 결국 장양과 단규도 더 이상 도망가기를 포기하고 강에 투신하고 말았다. 황제와 황제의 동생은 궁으로 다시 돌아오다가 뤄양으로 달려오던 동탁과 우연히 만나게 되었다. 황제는 겁을 먹고 아무 말도 하지 못했지만, 동생 협은 동탁의 질문에 당당하게 대답했다고 한다. 동탁은 황제와 그의 동생을 데리고 뤄양으로 들어와 후한의 실권을 틀어쥐었다.

동탁은 즉시 황제를 자리에서 끌어내리고 동생 협을 황제로 올렸다. 그가 바로 후한의 마지막 황제인 헌제(재위: 189~220)다. 동탁은 하태후와 그녀의 어머니도 모두 제거해버렸다.

동탁은 승상이 되어 권력을 마음대로 휘둘렀다. 천자 앞에서도 허리를 굽히지 않고 칼을 찰 수 있는 특혜를 누렸다. 도성 안에서 군대를 끌고 다니며 재물을 강제로 빼앗거나 아무나 닥치는 대로 잔인하게 죽이는 바람에 백성들은 모두 두려움에 떨었다. 동탁은 황제의 자리에만 오르지 않았을 뿐, 후한을 완전히 장악하고 있었던 것이다.

동탁이 주도권을 잡자 원소는 이에 반대하며 뤄양을 떠나버렸다. 원술도 난양으로 내려갔다. 조조는 진류(陳留: 지금의 허난성 카이펑시 인근)로 가서 재산을 털어 5,000명의 군사를 모았다.

• 동탁
후한 말 혼란한 시기에 등장해 정권을
잡은 인물이다. 사회 혼란을 가중시킨
대표적인 악인으로 평가된다.

동탁이 온갖 폭정을 일삼자 각지에서 할거하던 군벌들이 원소를 중심으로 모여 동탁을 토벌하기로 했다. 이들은 함곡관 동쪽에서 모여 '관동군'이라 불렸다. 동탁은 자신의 세력 기반이었던 농서 지방으로 이동해 관동군의 위협에서 벗어나기로 했다. 곧장 황제 헌제를 데리고 뤄양을 떠나 장안(長安: 지금의 시안)으로 들어갔다. 동탁은 뤄양을 떠날 때 많은 백성을 강제로 끌고 갔고, 뤄양에 있는 민가와 궁전은 모두 불태워버렸다. 오랫동안 중국의 수도였던 뤄양이 한순간에 폐허가 되고 만 것이다.

동탁 토벌군, 즉 관동군의 일원으로 가장 먼저 손견이 뤄양에 입성했다. 그러나 이미 뤄양은 폐허가 된 뒤여서 관동군은 곧 해산했다. 이제 중국의 각 지역에서 수많은 군웅이 할거하는 시대가 열리게 되었다.

02

조조, 유비, 손권이 등장하다

조조는 원래 패국 초현(沛國譙縣: 지금의 안휘성 박주시) 사람이다. 조조의 아버지 조숭은 본래 하후 씨였지만, 환관 조등의 양자로 들어가면서 조 씨가 되었다. 조조는 어릴 때부터 임기응변에 능하고 민첩했다고 한다. 이와 관련해 다음과 같은 이야기가 전해진다.

여남(汝南: 지금의 허난성 루난현) 사람 허소는 그의 사촌 형 허정과 함께 명성이 높은 인물이었다. 두 사람은 여남 일대의 인물에 대해 평가하기를 좋아했다. 이를 알게 된 조조는 여남으로 달려가 허소에게 "나는 어떤 인물입니까?" 하고 물었다. 허소는 처음에는 아무 대답도 하지 않았다. 심통이 난 조조가 급기야 위협을 가하려 하자 허소는 한참 동안 조조의 얼굴을 뚫어지게 보더니, 이렇게 대답했다.

"치세의 능신이며, 난세의 간웅이십니다."

조조는 이 말을 듣고 크게 만족했다고 한다.

승승장구하는 조조, 몰락하는 동탁

중평 6년(189)에 동탁이 한창 조정을 주무르며 인재를 모아들이고 있었다. 동탁은 황건적을 진압한 인물 가운데 돋보이는 조조를 '효기교위'라는 직책에 봉했다. 하지만 조조는 동탁의 제안을 거절하고 이름까지 바꾼 채 고향으로 돌아가버렸다. 기분이 상한 동탁은 각 군현에 조조를 체포하라는 명령을 내렸다.

조조는 도망가던 길에 아버지의 옛 친구인 여백사의 집에 머물게 되었다. 여백사의 다섯 아들이 성심껏 조조를 대접했지만, 조조는 오히려 이들이 자신을 죽이려 한다고 의심해 그의 일가 여덟 명을 모두 죽이고 떠났다. 어느 지방에 이르렀을 때는 주변 사람의 의심을 받아 붙잡히고 말았다. 당시 조조를 체포하라는 공문이 이미 그 지방에 도착해 이곳 관리는 붙잡힌 사람이 조조라는 사실을 알고 있었다. 그러나 관리는 어지러운 세상에 천하

- **조조**
보는 사람에 따라 영웅으로도 평가되고 간신
으로도 평가된다. 후한 헌제의 후원자로 정권
을 장악했다.

의 영웅을 붙잡아서는 안 된다고 생각해 현령에게 조조를 풀어

줄 것을 요청했다고 한다.

　이렇게 해서 구사일생으로 목숨을 건진 조조는 결국 진류에

도착했다. 그해 연말, 조조는 진류에 있던 자신의 재산과 진류

사람 위자에게 받은 돈으로 5,000명의 군대를 일으켰다. 조조는

초평 3년(192) 제북(濟北: 지금의 산둥성 인근) 지방에서 황건적의 잔

당 30만 명의 항복을 받아냈다. 조조는 이 가운데 정예병을 뽑아

'청주군'을 조직했고, 이를 바탕으로 세력을 확장해나갔다.

　조조는 병력과 자금을 확보하기 위해 병호제와 둔전제를 시행했다. 병호제는 병력을 확보하기 위해 모병과 투항병을 중심으로 세습적으로 병역의 의무를 지우는 제도를 말한다. 즉, 가족과 함께 일정 지역에 거주하며 생활하도록 국가가 보장하면서 동시에 병력을 확보하고자 한 것이다. 이 제도는 나중에 오나라와 촉나라뿐 아니라 남북조 시대에도 시행되었다.

둔전제는 토지 황폐화와 군량의 부족 문제를 해결하기 위해 시행한 제도다. 국가의 토지인 둔전의 경작자는 일반 주군민 가운데서 모으거나 피정복민을 강제로 이주시켜 확보했다. 둔전민은 수확의 50~60퍼센트 정도를 국가에 바쳤는데, 이로써 유민의 생활이 안정되고 군량을 넉넉히 확보해 위나라는 삼국 중 가장 강대한 국력을 자랑할 수 있었다.

조조가 청주군을 바탕으로 세력을 뻗어갈 무렵, 동탁은 수도 장안에서 백성을 탈취하며 온갖 폭정을 저지르고 있었다. 25만 명의 사람을 동원해 소규모 요새를 만들고 여기에 30년분의 식량, 황금 213만 근, 백은 8만 근 등을 저장해놓았다. 동탁은 요새를 만든 뒤 어떤 일이 있어도 안심할 수 있다고 생각하며 폭정을 계속했다. 그에게 반대하는 움직임이 일어났고, 초평 3년(192) 동탁은 사도 왕윤과 그의 부장 여포의 계략에 빠져 죽임을 당했다. 과연 어떤 계략이었을까?

왕윤은 원래 동탁이 심복으로 생각하던 사람이다. 동탁은 도성에 들어간 뒤 왕윤을 사도 겸 상서령으로 삼았다. 그러나 왕윤은 악행을 일삼는 동탁에게 일찍부터 불만을 품고 줄곧 동탁을 죽일 생각을 하고 있었다. 한편, 동탁은 항상 무예가 출중한 여포를 데리고 다니며 자신을 호위하게 했다.

동탁이 장안으로 돌아온 지 얼마 되지 않았을 때, 동탁이 여포를 죽이려 한 일이 있었다. 여포는 왕윤을 찾아가 그때의 일을 이야기하며 울분을 터뜨렸다. 이에 왕윤은 때가 왔다고 생각하고 여포에게 천하를 위해 동탁을 없앨 것을 설득했다. 왕윤에게는 초선이라는 어여쁜 딸이 있었는데, 왕윤은 이 거사를 위해 딸을 이용했다. 왕윤은 먼저 여포에게 초선을 소개해 미모에 반하게 한 다음 동탁에게 초선을 시집보냈다. 그러고는 동탁이 초선을 빼앗아갔다며 여포를 자극했다.

초평 3년(192) 4월, 왕윤이 먼저 거짓 「조서」를 써서 여포에게 건네주었다. 여포는 「조서」의 명령에 따라 고향 사람인 이숙에게 무사 10여 명을 데리고 궁문에 숨어 있도록 했다. 얼마 후 동탁이 궁문을 들어서자 이숙이 그의 가슴을 찔렀고, 다시 여포가 튀어나와 동탁을 사정없이 찔러 죽였다. 동탁이 죽자 모두 기뻐하며 만세를 외쳐댔다. 이 소식을 들은 장안의 모든 백성도 뛸 듯이 기뻐했다. 누군가 살찐 동탁의 시체 배꼽에 커다란 심지를 꽂고 불을 붙이자 기름이 끓으며 불이 타올랐다. 불은 며칠 동안 꺼지지 않고 계속 활활 타올랐다고 한다.

그러나 동탁이 죽은 뒤에도 그의 잔당은 여전히 큰 세력을 이루고 있었다. 동탁의 부하인 이각과 곽사가 장안을 공격해 왕윤 등 1만여 명을 죽인 뒤, 서로 권력을 다투게 되면서 장안에는 또다시 피바람이 불었다. 장안도 뤄양처럼 곧 폐허가 되었다.

이곽과 곽사 사이에서 끌려다니던 헌제는 건안 원년(196)에 다시 뤄양으로 돌아오게 되었다. 황제는 장안으로 돌아왔지만, 궁전은 이미 폐허가 되었고 먹을 것이 없어 굶어 죽는 사람이 수두룩했다. 후한의 마지막 황제 헌제가 어려운 형편에 처해 있을 때 허난에서 대세를 관망하던 조조가 군사를 거느리고 와서는 헌제를 모시고 쉬창으로 돌아갔다. 이렇게 해서 헌제를 보호하게 된 조조는 정치적으로나 군사적으로 여러 군웅 가운데 가장 두각을 드러내게 되었다.

원소, 관도대전에서 조조에게 패하다

관동군의 맹주로 추대된 원소는 동탁이 장안으로 도망간 뒤 황허강 유역의 크고 작은 군벌과 호족을 복종시키며 당시 최고

• 원소

지체 높은 가문 출신인 원소는 관도대전에서 조조에게 패해 세력이 약해진 뒤 병으로 세상을 떠났다.

의 실력을 자랑하는 군벌로 자리 잡았다. 원소는 건안 4년(196) 유주(幽州: 지금의 베이징) 지방에 자리 잡아 자신을 위협하던 공손찬을 완전히 멸망시킨 뒤, 즉시 자신의 10만 대군을 남하시켜 조조와 세력을 겨루려 했다.

원소와 조조의 대결은 건안 5년(200) 황허강 근처 관도 지방에서 벌어졌는데, 이 유명한 전투를 '관도대전'이라 한다. 겉으로는 원소의 군사력이 강해 보였지만, 원소의 성격이 거만했고 군대 내부도 여러 가지 모순으로 혼란스러웠다. 이에 반해 조조는 전투가 시작되자 군사적 재능을 발휘해 먼저 동쪽을 치는 듯하면서 서쪽을 치는 계략으로 원소의 포위공격을 마비시켰다. 그러고 나서 적군을 깊숙한 곳까지 끌어들였다. 다시 이어진 전투에서도 원소의 군대를 크게 물리쳤다. 원소의 군대는 연이은 패배로 사기가 곤두박질치고 있었다. 그러나 원소는 자기 병력과 군량이 우세하다고 믿고 조조와 결전을 벌이려 했다.

원소의 한 부하가 "병력과 군량이 부족한 조조는 속전속결을 바라고 있으니 장군은 지구전으로 맞서 조조가 약해지기를 기다렸다가 진격해야 합니다"라고 조언했다. 그러나 원소는 거절하고 서둘러 조조를 공격하려 했다. 이에 부하는 다시 "조조는 그의 모든 병력을 동원해 관도에 포진하고 있으므로 그의 후방은 텅 빈 상태입니다. 지금 병력을 나누어 달려가 후방의 쉬창을 습격한다면 성공할 수 있습니다"라고 계책을 올렸으나, 원소는 이마저도 거절했다.

원소와 조조는 대치한 지 반년이 지났지만 승부가 나지 않았다. 조조는 군량이 부족해 더 이상 버틸 수 없다고 판단하고는 부하에게 의견을 물었다. 부하는 "양쪽 군대가 오래 대치한 탓에 먼저 군사를 철수시키는 쪽이 반드시 패할 것입니다. 좀 더 굳게 지키면 원소 군대 내부에 무슨 변화가 일어나 승리할 것입니다"라고 의견을 제시했다. 때마침 원소의 군사 허유가 원소로부터 추방되어 조조에게 의탁해 있었다. 이에 조조는 허유에게 원소를 이길 계책을 물었고 허유는 원소의 군량과 물자가 쌓여 있는 오소 지방을 기습할 것을 권했다.

조조가 오소를 습격하려 한다는 소식이 전해졌는데도, 원소는 오소를 구원할 병력은 극소수만 보내고 주력부대에는 조조의 관도 진지를 공격하라는 명령을 내렸다. 이 결정에 원소 군대의 장군들은 크게 불만을 표시했지만, 원소는 무시하고 자신의 생각만 고집했다.

원소의 군대는 조조의 진지를 공격했으나 조조의 군대는 처음부터 방비만 하고 나와서 싸우지 않았다. 그사이 조조의 군대가 오소를 습격했는데, 조조가 직접 군사를 이끌고 수레 1만여 대 분량에 달하는 식량과 무기를 모두 불태웠다. 소식이 전해지자 원소의 군대는 크게 동요했다. 조조의 군대는 승기를 잡고 총공격을 감행했다. 결국 원소의 군대는 10만 명 중 7만 명이나 전사했고, 원소 자신도 목숨만 겨우 건졌다.

관도대전은 조조가 북방을 통일하는 기반이 되었다. 관도대전 이후 조조는 중국의 13주(州) 중 5주를 차지하게 되었다. 특히 조조가 차지한 지역은 인구가 많은 중원이었기 때문에 천하의 절반을 차지한 셈이었다.

유비·관우·장비, 도원에서 의형제를 맺다

유비는 황건적의 난 때 관우, 장비 등과 함께 황건적 토벌군에 참여한 공으로 관직에 올랐다. 유비의 자는 현덕으로 한나라 황실의 후예였다. 유비는 팔이 길고 귀가 컸으며 말수가 적고 희로 애락의 감정을 잘 드러내지 않는 성격이었다. 그는 관우, 장비와 의기투합해 복사꽃이 핀 화원에서 의형제의 약속을 맺었는데, 이를 '도원결의'라 한다.

황족의 후손이지만 유비는 집안이 몰락해 짚신과 돗자리를 팔아 생계를 유지했다. 공손찬의 군대에 가담한 뒤 서주목 도겸에게 의지하고 있다가 도겸이 죽자 서주를 차지하게 되었다. 이때 조조는 원술을 토벌하기 위해 유비와 연합했다. 나중에 유비는 여포에게 서주 지방을 빼앗기고 조조에게 의탁했다.

당시 후한의 황제인 헌제는 외척 동승과 상의해 '조조를 제거'하라는 밀조를 유비에게 건넸다. 그러나 이 사실이 사전에 발각되자 조조는 유비를 공격했다. 싸움에서 조조에게 패한 유비는 원소에게 도망가 의탁했는데, 이때 조조와 원술 사이에 관도대전이 발생했다. 이 전투에서 관우는 조조에게 패해 포로가 되고 장비는 산으로 들어가 세 의형제는 뿔뿔이 흩어지고 말았다.

조조는 관우가 포로임에도 용맹함과 능력을 아껴 후하게 대접

• 도원결의

유비는 관우, 장비와 함께 복사꽃이 핀 복숭아나무 아래에서 의형제가 되기를 맹세했다. 그림은 『삼국
지연의』에 나오는 도원결의 삽화다.

했다. 관우는 유비의 위치를 알면 바로 유비에게 돌아갈 생각이
었지만 조조의 계속되는 호의도 무시할 수는 없었다. 그래서 조
조를 위해 공을 세워 보답한 뒤에 자유의 몸이 되어야겠다고 생
각했다. 조조와 원소 사이에서 전투가 시작되었을 때 관우는 원
소의 부하 안량과 문추를 제거하는 공을 세웠다.

관도대전에서 원소의 명장 안량과 문추를 죽인 장수가 관우라
는 사실이 알려지자, 유비는 원소 곁을 떠나 형주의 유표에게 몸

을 의탁했다. 관우도 안량과 문추를 죽인 공으로 조조의 곁을 떠나 유비를 찾아가던 중 우연히 장비를 만나면서 세 의형제는 재회하게 되었다.

손권, 강동 지방에서 세력을 떨치다

손권은 황건적 토벌에 공이 많았던 손견의 둘째 아들이다. 황건적의 난이 양쯔강 북부까지 미쳤을 때 손견은 청년들을 이끌고 정부군에 가담해 큰 공을 세웠고, 동탁의 난 때도 동탁의 선봉을 꺾어 크게 용맹을 알렸다.

손견이 죽고 그의 첫째 아들 손책이 열일곱 살의 어린 나이로 아버지의 뒤를 이었다. 손책은 남양에 있는 원술을 찾아가 아버지 손견이 거느리던 군사 5,000명을 얻어 돌아왔다. 또 서주 사람 주유도 머리가 비상했는데 손책을 따라 군사를 일으켰다. 그러나 손책이 원수의 부하에게 공격을 받고 중상을 입었다. 이 상처가 회복될 기미가 보이지 않자 손책은 동생 손권을 불러 권한을 넘기고 세상을 떠났다. 이때 손책은 스물여섯, 손권은 열아홉이었다.

손권은 어린 나이였지만 장소, 주유, 노숙 등 명망 있는 옛 신하들이 잘 보좌했고, 여몽과 같은 재능 있는 인물을 등용해 강동 지방에서 세력을 떨쳐나갔다.

제갈공명을 만나기 위해 세 번 찾아가다

유비가 관도대전 후에 유표에게 의탁하자, 유표는 소수의 병력을 유비에게 주어 신예 지역을 지키게 했다. 이때는 도원결의를 맺고 벌써 20년이라는 세월이 흐른 뒤였다. 20년 동안 유비는 명성이 널리 알려지긴 했지만 아직까지 안정된 기반을 갖지는 못했다. 신예에 정착한 유비는 새로운 인재를 구했다. 유비가 양양 사람 사마휘에게 인재를 추천해달라고 하자 사마휘는 '복룡(伏龍: 용이 깊은 연못에서 승천할 시기를 기다리고 있다는 비유)'과 '봉추(鳳雛: 봉의 새끼가 날기 시작하면 군조들이 꼼짝 못한다는 비유)'라는 인물을 추천했다.

유비가 "복룡과 봉추가 누구냐?"라고 묻자 사마휘는 "복룡은 제갈공명이고, 봉추는 방사원입니다"라고 대답했다. 영천 사람 서서도 "제갈공명은 확실히 와룡(臥龍: 복룡과 같은 뜻)입니다. 만나보시지요"라며 추천했다. 마침내 유비는 제갈공명을 만나기로 결심했다.

제갈공명은 양(亮)이라는 이름보다 공명이라는 자로 더 많이 알려져 있다. 낭야군 양도(陽都: 지금의 산둥성 이난현) 출신으로 어려서 부모님을 잃고 형주에서 자랐다. 17세에 룽중 지방에 초가집을 짓고 밭을 갈면서 공부했다. 이 지방의 지식인들은 모두 제갈공명을 당대의 거물로 보고 때가 오면 언제든지 하늘로 오를 것이라 생각해 와룡 선생이라 불렀다.

유비는 관우, 장비와 함께 자신보다 스무 살이나 어린 제갈공명을 만나러 융중으로 갔다. 그러나 처음 두 번은 만나지 못하고 세 번째에야 겨우 만났다.

유비와 이야기를 나눈 제갈공명은 당시의 정치 상황을 분석하고 다음과 같이 조언했다.

"동탁이 뤄양에 들어와 정치를 어지럽히자 천하에 군웅들이 할거하게 되었습니다. 조조는 100만 대군을 거느리고 천자를 내세우며 제후로 군림하고 있으니, 지금 당장 조조와의 싸움은 무리입니다. 강동의 손권은 양쯔강과 험한 천연 요새를 거점으로 삼고 있습니다. 백성이 잘 따르고 재능 있는 자들 또한 그러하니 손권과는 연합할지언정 싸워서는 안 됩니다. 형주는 지세가 험하고 익주(益州: 지금의 쓰촨성 인근)는 사방이 험한 천연 요새로 둘러싸이고 그 안에는 기름진 평야가 이어져 물자가 풍부합니다. 이 두 곳의 주인은 어리석고 겁이 많으니 군사를 움직일 만한 곳입니다. 장군

• 삼고초려

유비는 제갈공명을 만나기 위해 세 번이나
집을 방문해 결국 그를 군사(軍師)로 모신
다. 그림은 명나라 말기에 그려진 「삼고초
려도(三顧草廬圖)」다.

께서는 동쪽의 손권과 연합하고 서쪽으로 형주와 익주를 차지하

십시오. 남쪽의 이월(夷越: 중국 동남쪽에 거주하는 이민족을 낮춰 부르

는 말)과 손을 잡고 힘을 길러 천하의 대세를 관망하고 있다가 일

단 천하의 형세가 바뀌면 완성과 뤄양을 탈취하고 익주로부터 출

병해 곧바로 친찬을 공격해 들어가야 합니다. 이렇게 하면 통일의

대업을 이룰 수 있을 것입니다."

이것이 그 유명한 '융중대책'이다. 즉, 동쪽으로 손권의 오나라와 연합하고, 서쪽으로 형주와 익주에 근거지를 두고, 남쪽으로는 이월과 화친하고, 북쪽으로는 조조에 대항해야 한다는 계책이다. 유비는 제갈공명의 정확한 정세 판단과 논리 정연한 말에 크게 감동하고, 천하를 통일하는 데 도움을 줄 것을 부탁했다.

이 이야기에서 '삼고초려(三顧草廬)'라는 고사성어가 유래했다. 초가집을 세 번 찾아간다는 말로, 인재를 얻으려면 참을성을 가지고 정성을 다해야 한다는 교훈을 담고 있다. 이때부터 제갈공명은 유비의 책사이자 핵심 인물이 되어 촉나라를 세우는 데 큰 공을 세웠다. '융중대책'은 유비의 핵심 정책이 되었다.

03

위·촉·오 삼국 시대가 도래하다

관도대전에서 원소를 물리친 뒤 8년째 되던 건안 13년(208), 조조는 중국 북부를 완전히 통일하고 남쪽의 형주와 강동을 차지해 천하 통일의 대업을 이루려 했다. 때마침 형주의 유표가 죽고 그의 막내아들 유종이 유표의 뒤를 이었다. 유종은 조조의 100만 대군이 형주를 향해 남하하고 있다는 말을 듣고 겁에 질려 비밀리에 사신을 보내 조조에게 항복했다.

유비가 있는 신예 일대는 조조와 유종의 군사에 협공을 당한 꼴이 되어버렸다. 유비는 급히 장릉으로 도망쳤다. 유비가 도망친다는 소식을 들은 조조는 5,000명의 기병을 거느리고 유비의 뒤를 추격했다. 창반에서 조조의 공격을 받아 크게 패한 유비는 결국 아내와 자식까지 버리고 도망가야 했다.

손을 맞잡은 손권과 유비

이때 조조의 100만 대군이 남하하고 있다는 소식을 들은 손권은 군사를 시상(柴桑: 지금의 주장)에 주둔시킨 채 노숙을 파견해 정세의 변화를 살피고 있었다. 노숙과 유비는 당야에서 만났다. 노숙은 유비에게 손권의 군사와 연합해 조조에게 대항하는 것이 어떻겠냐고 제안했다. 유비는 제갈공명을 손권에게 보내 대책을 세우도록 했다.

제갈공명은 조조와 벌일 대결을 앞두고 우물쭈물하고 있는 손권에게 말했다.

"조조는 양쯔강을 따라 내려와 강동에 근접했습니다. 손 장군께서는 어떻게 하실 겁니까? 강동의 힘으로 중원의 조조와 대항할 자신이 있으면 즉시 조조와 관계를 끊어야 합니다. 만약 그만한 용기가 없다면 왜 전 병력을 철수시키고 조조에게 항복하지 않으십니까?"

이에 손권이 반문했다.

"그럼 유비는 왜 조조에게 항복하지 않습니까?"

"유비께서는 후한 황실의 후손으로 그 덕이 매우 높습니다. 이런 일로 어찌 굴복할 수 있겠습니까?"

제갈공명의 대답을 들은 손권은 얼굴빛이 변하여 결단을 내렸다.

"오나라 땅에는 10만의 정예군이 있습니다. 어찌 조조에게 항복할 수 있겠소."

마침내 제갈공명은 손권에게 조조 군대의 약점과, 손권과 유비 연합군이 승리할 수 있는 비책을 설명해주었다. 이로써 유비와 연합해 조조와 대항하겠다는 손권의 결심을 확고하게 만들었다.

손권은 신하들에게 조조가 침입할 준비를 하고 있다고 알렸다. 그러자 모든 신하가 항복해야 한다고 주장했다. 노숙은 손권에게 수군을 훈련시키고 있는 주유를 불러 의견을 묻고자 했다. 손권의 부름에 응한 주유는 이렇게 말했다.

"조조의 군사는 수전에는 익숙하지 못해 우리 군사보다 열세입니다. 수전에서 조조의 군대가 패한다는 것은 뻔한 사실입니다. 저에게 군대를 주시면 조조의 군대를 격파하겠습니다."

손권은 주유의 말을 듣고는 차고 있던 칼로 책상을 힘껏 내리치면서 말했다.

"앞으로 조조에게 항복하라고 권하는 사람이 있으면 이 책상과 같이 될 것이다!"

- **적벽**

    적벽대전에서 조조가 패하면서 천하는 위·촉·오 세 나라로 나뉘었다. 그림은 13세기 금나라의 무원직이 그린 「적벽도권(赤壁圖卷)」이다.

조조와 결전을 벌이기로 결심한 뒤 손권은 주유를 대도독에 임명하고 3만의 군사를 주어 유비의 수상 부대와 함께 싸우도록 했다. 남쪽으로 내려온 조조의 대군은 장링에서 강을 따라 동쪽으로 내려가 적벽(츠비)에서 손권-유비 연합군과 맞닥뜨렸다. 이후 연합군에서 황개가 조조에게 거짓 투항한 뒤 조조의 함대에 불을 질렀다. 조조의 함대는 순식간에 불길에 휩싸여 연합군에 패하고 말았다. 이 유명한 '적벽대전'으로 조조는 북쪽을, 손권과 유비는 강남 지역을 거점으로 삼아 각자 세력을 키우게 되었다. 이후 천하는 위·촉·오의 삼국으로 갈라졌다.

각자의 길로 갈라선 유비와 손권

적벽대전 이후 유비와 손권의 관계는 틀어지고 말았다. 조조가 손권과 손잡고 유비를 협공할 작전을 구상하기도 했고, 유비와 손권이 형주의 소유권을 두고 다투는 일도 많았다. 앞에서 이야기한 대로 원래 형주의 주인은 유표였는데, 그의 아들 유종이 조조에게 항복했고 조조는 적벽대전에서 패하여 도주했다. 그러자 유비는 형주가 자기 것이라 주장했다. 이에 손권은 적벽대전에서 승리할 수 있었던 것은 주유의 수군 덕분이므로 자기가 형주를 차지해야 한다고 주장했다.

유비는 형주를 제갈공명과 관우에게 맡기고 직접 군사를 이끌고 양쯔강을 거슬러 올라가 청두에 입성해 익주를 점령했다. 형주에 있던 제갈공명은 이때 청두로 돌아왔다. 손권은 유비가 형주와 익주에서 활약하자 불안감을 느껴 형주를 돌려달라고 요청했다. 그러나 유비는 이에 응하지 않았고, 결국 손권과 유비 사이에 형주를 두고 쟁탈전이 벌어졌다. 이후 유비는 손권과 상수이를 경계로 형주를 나누어 갖기로 하고, 한중에 들어가서 스스로 한중왕(漢中王)이 되었다.

적벽대전에서 오나라 수군의 도독으로 총지휘를 맡았던 주유는 적벽대전이 끝난 뒤 36세의 젊은 나이에 세상을 떠났다. 이

- **위·촉·오 삼국의 형성**
  3세기 초에 후한이 위·촉·오로 분열되어 삼국 시대가 전개되었다.

후 노숙이 주유 대신 손권을 보좌하게 되었다. 제갈공명이 촉나

라의 청두에 돌아온 것이 건안 19년(214)이고, 이로부터 2년 전에

손권은 건업(建業: 지금의 난징)을 근거지로 정했다. 이렇게 하여 위,

촉, 오 삼국이 세워졌다.

04

삼국, 치열한 다툼을 벌이다

관우는 하동 해현(解縣: 지금의 산시성 윈청시) 사람이다. 용감하고 싸움에 능해 한때 '홀로 만 명을 대적하는 장수'로도 불렸다. 의형제인 유비와 함께 수많은 전쟁에 참여해 수차례 전공을 세웠다. 건안 5년(200)에 조조가 유비를 크게 격파했을 때, 관우가 포로로 잡혔다. 당시 관우의 용맹함을 아낀 조조가 '상마금, 하마은(上馬金, 下馬銀: 말을 탈 때는 금을 내리고 말에서 내릴 때는 은을 내린다는 뜻으로, 끊임없이 금과 은을 제공하며 후하게 대접한다는 뜻)'의 푸짐한 상을 베풀고 '한수정후'라는 봉작도 내렸지만, 관우는 흔들리지 않고 유비에게 도망갈 기회만 엿보았다. 유비는 이런 관우를 믿고 의지해 그에게 형주를 맡겨 지키도록 했다.

촉나라의 형주 경영의 중심지는 장릉에 있었고, 오나라의 형주 경영의 중심지는 육구(陸口: 지금의 호북성 가어현 서남쪽 육계의 입구)에 있었다. 앞에서 이야기했듯이 유비와 손권은 형주를 반으로 나누어 가졌다. 이때 육구는 오나라의 명장 여몽이 지키고 있었다.

형주를 끝내 지키지 못한 관우

관우는 동쪽의 육구를 호시탐탐 노리면서도 조조가 있는 북쪽 중원도 노리고 있었다. 조조 세력의 남방 전선 기지는 판청에 있었다. 판청은 조조의 장군 조인이 지키고 있었다. 관우는 이곳을 공략하기 위해 장릉에서 북으로 올라왔다. 그러나 남쪽에서 여몽이 육구를 지키고 있는 바람에 관우는 군사를 모두 동원하기는 어려웠다. 따라서 일부 병력은 남겨놓고 판청 쪽으로 북상했다.

관우는 형주의 북부 지방을 거의 다 차지하고 오로지 이 판청 하나만 남겨놓았다. 불안해진 조조는 도읍을 다른 곳으로 옮겨 관우의 공격을 피하려 했고 이 문제를 신하들과 의논했다. 그러자 사마의가 손권에게 사람을 보내 관우의 배후를 습격하게 하자고 건의했다. 조조는 사마의의 계책에 따라 손권에게 관우를

· 관우
대표적인 충신의 상징이다. 관우는 유비와 함께 촉한 건국에 큰 공을 세웠고 지금까지도 중국인들에게서 추앙받고 있다. 그림은 1430년 명나라의 상희가 그린 「관우금장도(關羽擒將圖)」다. 왼쪽에 수염이 길고 덩치가 큰 인물이 관우다.

공격해줄 것을 제의했다. 이렇게 해서 조조와 손권은 군사동맹을 체결하게 되었다.

관우가 한창 판청을 공격할 때 오나라의 사령관이 교체되었다. 여몽의 후임으로 육손이라는 무명 인물이 사령관에 임명된 것이다. 관우는 이제 오나라 군사를 두려워할 필요 없다고 생각해 장링에 남겨둔 군사에도 북상 명령을 내렸다. 그런데 아뿔싸! 사임한 줄 알았던 여몽이 오나라 대장으로 다시 복귀한 것이 아닌가! 여몽이 텅 빈 상태에 있던 장링을 차지하는 건 누워서 떡 먹기보다 쉬웠다.

오나라의 판청을 공략하던 관우는 장링에서 지원군이 도착하자 더 맹렬히 공격을 퍼부었다. 조조는 손권이 보낸 군사 동맹 요구서를 베껴 적어 양 군대에 뿌렸다. 이 작전으로 함락 직전의 위기에서 조조의 군대는 다시 사기가 하늘 높이 올라갔다. 반면 관우는 조조-손권의 동맹이 별것 아니라고 생각했다. 하지만 이때 장링이 함락되었다는 비보가 전해지면서 관우 군대의 사기는 땅에 떨어졌다. 결국 관우 군대는 퇴각하여 맥성(麥城: 지금의 당양시 동남쪽 인근)으로 들어갔다. 이제 관우의 군대가 반대로 공격을 당하게 되었다.

맥성에서 탈출하기 위해 관우는 손권에게 투항하는 척했다. 그러면서 성곽에 깃발을 두루 꽂고 볏짚으로 사람의 형태를 만들어 성루에 세워둔 채 몰래 성에서 도망쳐 나왔다. 그러나 낌새를 알아차린 손권이 관우의 퇴로를 모두 막아버렸고 결국 임저에서 오나라의 군대가 관우와 그의 아들 관평을 사로잡아 바로 사형에 처했다. 관우의 머리는 뤄양에 보내졌는데, 이때가 건안

24년(219) 12월이었다. 관우의 목을 벤 손권은 형주를 차지하게 되었다. 다음 해 정월 조조는 뤄양에 이르러 손권이 보내온 관우의 머리를 확인했다. 그러나 조조도 그달에 66세를 일기로 세상을 떠났다.

후한이 무너지고 위나라가 세워지다

일찍이 조조는 건안 13년(208) 스스로 승상이 되었고, 건안 18년(213)에는 위공이 되었으며, 건안 21년(216)에는 다시 위왕(魏王)이 되었다. 그는 천자와 같은 수레를 타고 의복을 착용하며 경호병을 세웠다. 그의 아들 조비(曹丕)는 왕태자라 일컬어졌다.

조조가 세상을 떠나자 왕태자 조비가 뒤를 이어 위나라의 왕이 되었다. 위나라 군신들은 한나라의 헌제를 협박해 황제 자리를 조비에게 물려주게 했다. 조비는 관례에 따라 세 번 사양한 뒤, 헌제의 선양을 받아들이고 황제의 자리에 올라 국호를 '위', 연호를 '황초'라고 했다.

11월 1일에 조비는 헌제 유협을 산양공에 봉하는 한편, 조조를 무황제로 추존하고 묘호를 태조라 했다. 12월에는 뤄양을 도읍으로 정했다. 이때가 건안 25년(220)으로 오랫동안 이름만 유지해오던 후한은 완전히 역사 속에 사라져버렸다.

• 조비
조조가 세상을 떠나자 아들 조비가
아버지의 뒤를 이어 위나라의 왕이
되었다.

유비, 황제가 되어 관우의 복수를 위해 나서다

위나라 조비가 황제가 된 다음 해에 '위의 조비가 헌제를 시해
했다'는 소문이 나돌았다. 유비는 천자의 죽음을 발표하고 유비
자신도 상복을 입고 헌제에게 '효민황제'라는 시호를 올렸다. 같
은 해(221) 4월에 유비도 황제의 자리에 올랐다. 나라 이름을 '한',
연호를 '장무'로 정했다. 당시 유비의 한나라는 익주 한 지역만
차지했기 때문에, 나라 이름을 따로 '촉한' 또는 '계한'이라 부르

• 유비

유비는 천자(후한의 헌제)의 죽음을 발표
한 뒤 211년 나라 이름을 '촉한'이라
정하고 황제 자리에 올랐다.

기도 한다.

관우의 죽음을 뼈아프게 생각한 유비는 오나라에 복수할 계획
을 세우고 있었다. 하지만 제갈공명은 오나라와 화친을 맺고 북
쪽 위나라와 싸워 통일의 대업을 이루어야 한다고 설득했다.

유비는 제갈공명의 계속된 설득에도 흔들리지 않았다. 관우의
복수를 내세우며 동원령을 내렸다. 유비는 이번 전투를 장비에
게 맡겼다. 하지만 장비는 전투에 나서지도 못한 채 부하에게 살

해당했다. 무슨 일이 있었던 것일까? 장비는 부하를 대할 때 지나치게 가혹했다. 잘못이 있으면 즉결 처분하고 매일같이 병사들을 매로 때렸다고 한다. 주변의 만류에도 버릇을 고치지 못한 장비는 결국 부하로부터 크게 원망을 받아, 잠자는 사이에 목이 잘리고 말았다. 유비는 이 소식을 듣고 비통해했다.

"장비에게 성질이 급하고 부하를 사랑할 줄 몰라 항상 조심하라 했거늘 결국 슬픈 일을 당했구나!"

장무 2년(222) 7월에 유비는 스스로 선봉에 서서 오나라를 공격했다. 그는 수십 개의 진영을 세워 오나라와 대치했다. 6개월간의 큰 전투 끝에 오나라의 총사령관 육손은 40여 개의 유비 진영을 격파해 유비에게 타격을 주었다. 결국, 밤새 말을 달려 도망친 유비는 병사들에게 전포와 갑옷을 모두 벗어 협곡 입구에 쌓고 불을 지르게 해 뒤쫓아오는 오나라 군대를 간신히 따돌리고 백제성으로 도망갔다.

손권, 오나라를 건국하다

유비가 공격하자 손권은 위나라에 구원을 요청하기 위해 위왕 조비에게 항복하고 인질을 보내겠다고 약속했다. 하지만 손권이 약속을 저버리자 화가 난 조비는 오나라를 공격했다. 이때 손

- **손권**
  강남의 실력자 손견의 차남이자 손책의 동생인 손권은 오나라를 세워 강남 지방의 발전에 이바지했다.

권도 스스로 황제를 칭하고 연호를 '황룡', 국호를 '오'로 정했다. 그리고 아버지 손견을 '무열황제'로 추존하고, 형 손책을 '장사환왕'에 봉했으며, 아들 손등을 황태자로 세웠다.

오나라는 양쯔강의 요새를 이용해 위나라의 공격을 막아냈다. 유비도 오나라를 공격했지만 크게 패했고, 40개 진영을 빼앗기고 도망가기 바빴다. 결국, 유비는 백제성으로 도망친 후 다음 해 4월 63세로 세상을 떠났다. 육손에게 패한 뒤 실의에 빠져 지내다가 재위한 지 3년 만에 세상을 떠난 것이다.

이어 촉한에서는 태자 유선이 유비에게 '소열제'라는 시호를 올리고 황제 자리에 올랐다. 유선은 이때 나이가 열일곱 살이었다. 승상 제갈공명이 유비의 부탁을 받들어 유선을 보좌했다.

유비는 죽음이 임박하자 제갈공명을 불러 유언을 남겼다.

"공의 재주는 위나라 조비보다 뛰어나니 반드시 국가를 편안히 하고 천하 통일의 대사업을 성취할 수 있을 것입니다. 내 자식은 우둔한 아이입니다. 만약 보좌할 만하거든 보좌하여 천하의 주인이 되게 하고 그렇지 않거든 공이 황제 자리에 오르도록 하시오."

그러자 제갈공명은 있는 힘을 다해 충성할 것을 맹세했다. 관우도 죽고, 장비도 죽고, 유비마저 없는 촉한의 운명은 이제 제갈공명 한 사람에게 맡겨졌다.

제갈공명이 맹획을 일곱 번 놓아주다

제갈공명은 오나라와 화친을 맺은 뒤 북벌군을 출동시켜 천하 통일의 대업을 이루고자 했다. 그러나 윈난 지방에서 만족의 추장 맹획이 반란을 일으켰다. 중원에서는 이들을 '서남쪽에 사는 오랑캐'라는 의미로 '서남이(西南夷)'라고 불렀다. 추장 맹획은 용맹이 뛰어나 그 지방의 한족들까지도 두려워하는 인물이었다. 공명은 먼저 남방을 평정한 다음 북쪽을 정벌할 계획을 세웠다.

• **맹획**
'서남이'의 우두머리인 맹획은 제갈공명의 칠종칠금 계략
에 굴복하고 만다.

225년 봄 제갈공명은 맹획 무리를 정벌하기 위해 길을 나섰다. 제갈공명이 떠나기 전에 부하인 마속에게 이번 전투에는 무엇이 필요한지 물었다. 그러자 마속은 이번에는 성(城)을 공격하는 것보다 상대의 마음을 얻기 위해 노력해야 한다고 대답했다. 촉한이 북벌에 총력을 기울이면 남쪽까지 다스릴 힘이 없으니, 맹획의 마음을 얻어 그들이 배반하지 않게 만들어야 한다는 뜻이었다.

제갈공명은 마속의 의견을 받아들여 회유 작전을 쓰기로 했다. 우선 대군을 거느리고 맹획의 군사를 추격했다. 하지만 맹획을 죽이지 말고 생포하라는 명령을 내렸다. 맹획은 산간 지역으로 들어가 자기에게 유리한 지세를 이용해 저항했다. 촉한의 군대는 험한 지형이었지만 산 중턱까지 추격했다. 그러다가 잠시 후 촉한의 군대가 물러나자, 맹획은 적군이 도망치는 줄 알고 뒤를 쫓았다. 하지만 맹획은 촉한의 복병에게 생포되고 말았다. 알고 보니 촉한 군이 맹획을 속이기 위해 유인 작전을 썼던 것이다.

제갈공명은 맹획에게 벌을 주기보다 오히려 환대하면서 촉한 군대의 진영을 구경시켜주었다. 그러자 맹획은 이렇게 말했다.

"이 싸움은 내가 진 것이 아니라 촉한 군대의 책략에 말려든 것이오. 촉한의 군대도 별로 대단한 것 같지 않소. 내가 있는 힘을 다하면 이길 자신이 있소."

제갈공명은 미소를 지으며 그러면 돌아가서 군대를 재정비한 뒤에 다시 싸우자고 대답했다.

맹획은 돌아가 군대를 정비하여 진열을 가다듬고 다시 공격해 왔다. 그런데 이번에도 또 생포되었다. 제갈공명은 맹획을 다시 풀어주었고 이런 상황이 일곱 번이나 반복되었다. 공명은 또다시 맹획을 풀어주려 했지만, 맹획은 돌아갈 생각을 하지 않았다.

맹획은 자신들의 풍습에 따라 한쪽 웃통을 벗은 채 무릎을 꿇고 정중히 말했다.

"남쪽 사람은 예의를 모른다고 하지만 부끄러움은 압니다. 적을 일곱 번 생포하고 일곱 번 풀어줬다는 것은 일찍이 들어본 적이 없습니다. 승상의 위엄과 신의에 감탄했습니다. 다시는 반란을 일으키지 않겠습니다."

맹획은 곧바로 투구를 벗어버렸다.

이것이 이른바 맹획의 칠종칠금(七縱七擒) 이야기다. 제갈공명은 이렇게 윈난 지방을 평정하고, 맹획과 소수 민족의 수령을 관리로 임명해 그 지방을 다스리도록 했다.

이후 제갈공명은 다양한 방면으로 개혁을 추진했다. 윈난 일대에는 철제 호미와 낫, 쟁기를 이용한 밭갈이 등을 보급하고, 비단 짜는 직조 기술과 여러 가지 수공업을 교육했다. 한편 도로를 새로 만들어 문화의 교류도 일으켰다. 이를 통해 촉나라는 후방에 대한 걱정을 덜었을 뿐만 아니라, 남쪽 지역으로부터 많은 인력과 물자를 얻어 북벌을 계속 추진할 수 있었다.

촉한이 북벌을 단행하다

226년 위나라 왕 조비가 마흔 살에 병으로 죽고 그의 아들 조예가 왕위를 이었다. 조비는 조조의 둘째 아들이었다. 큰아들 조앙은 아버지를 지키려다 전사했다. 조비는 어릴 적부터 독서를 좋아해 수많은 책을 읽었다. 그는 한나라 연강 원년(220)에 위나라 왕으로 즉위했고, 같은 해에 한나라 헌제의 양위(讓位: 임금의 자리를 물려줌)를 받아 위나라 황조를 수립하고 7년 동안 재위했다.

조비는 상서진군의 건의를 받아들여 구품중정제를 시행했다. 그는 이 새로운 관리 임용 방식으로 관료를 육성하려 했지만, 이미 후한 시대부터 기득권을 가지고 성장한 호족 세력이 관직을 독점하고 있었다. 이들은 나중에 문벌 귀족으로 성장했다.

조비가 죽은 다음 해인 건흥 5년(227) 제갈공명은 전군을 이끌고 북쪽 위나라 토벌에 나섰다. 출정에 앞서 그는 유선에게 글을 올렸는데, 이것이 바로 「전 출사표(前出師表)」다. 이 「출사표」는 제갈공명이 정성을 기울여 쓴 장문의 글이다. 이 글을 보고 눈물을 흘리지 않은 사람이 없었다고 한다. 오늘날에는 경기나 경쟁에 참가 의사를 밝힐 때 '출사표를 던지다'처럼 관용적인 표현으로 사용되고 있다.

조금 길지만 제갈공명의 「출사표」를 읽어보면서 우리도 그의 마음을 느껴보자.

선제 소열황제께오서 창업을 이루시던 중도에 돌아가시고 천하
는 세 갈래로 갈라져 서로 다투고 있사온데 우리 촉한은 가장 피
폐하오니 진실로 국가의 존망이 걸린 중요한 시기라고 아니할 수
없습니다. 폐하께서는 오로지 성청(聖聽: 임금이 들음을 높여 이르는
말)을 여시어 충성과 충간하는 길을 막지 마시옵기를 간절히 바라
옵니다. 어진 신하를 가까이하시고 소인을 멀리하시어 신상필벌
로 공평무사한 정사를 널리 천하에 펴시옵기 바랍니다.

신은 본래 벼슬이 없는 선비로서 남양 땅에서 농사를 지으며 어
지러운 세상에 목숨을 보전하려고 했을 뿐, 세상에 나아가 벼슬을
하여 일신의 영달을 꾀할 생각은 추호도 없었사옵니다. 그러하오
나 선제께오서 신의 비천함을 탓하지 아니하옵고 높으신 몸을 굽
히시어 세 차례나 거듭 신의 거처를 찾아오셔서 급한 시무를 하
문하셨습니다. 신은 여기에 감격하여 선제를 위하여 일신을 바칠
것을 맹세했습니다. 선제께오서는 그동안의 신의 충성을 헤아리
시어 붕어(崩御: 임금이 세상을 떠남)에 임하여 신에게 국가의 천하
통일을 부탁하셨습니다.

선제의 유조를 받자온 이래 신은 밤낮으로 조심하여 선제의 명령
을 어떻게 하면 이룰 수 있을까 노력해왔으며 또한 부탁하신 보
람이 없이 선제의 명예를 더럽히지나 않을까 늘 두려웠습니다. 그

리하여 작년 5월 남쪽 노수를 평정하는 데 성공한 뒤, 장병들의 힘을 기르고 무기를 충족시키는 데 힘을 기울여왔습니다. 이제야 대군을 거느리고 위나라를 토벌하여 중원을 평정하고 한나라를 부흥시켜 도읍을 뤄양이나 장안으로 옮기는 일만이 신이 선제의 은혜에 보답하고 폐하에게 충절을 다하는 일이오며 또한 신의 평생 임무입니다.

「출사표」를 올린 뒤 제갈공명은 군대를 한중에 출진시키고 다음 해 치산을 공략했다. 위나라에서는 촉한의 황제 유비가 죽은 다음 수년 동안 아무런 충돌이 없었기 때문에 촉한에 대한 방비가 소홀했다. 그러다가 제갈공명이 공격해온다는 급보가 전해지자 어찌할 바를 몰랐다. 위나라 황제 조예는 이때 쉬창을 떠나 뤄양에 머무르고 있었다. 그는 급히 장안으로 달려가 장합에게 군사 5만을 거느리고 촉한의 군대와 싸우도록 했다.

제갈공명은 마속에게 작전을 지시하고 자신은 가정(街亭: 지금의 간쑤성 치안현)에서 위나라 군대와 싸웠다. 이때 제갈공명은 마속에게 산 밑에 진지를 구축하라고 했는데 마속은 이를 어기고 산꼭대기에 진지를 구축했다. 결국 마속의 작전은 위나라 군대가 물길을 차단해 실패했고, 제갈공명은 어쩔 수 없이 군사를 돌릴 수밖에 없었다. 마속은 제갈공명이 아끼던 부하였지만 군율의 엄격함을 보이기 위해 눈물을 머금고 그의 목을 베었다. 여기서 '울면서 마속을 참살한다'는 뜻의 '읍참마속(泣斬馬謖)'이라는 고사성어가 유래했다.

죽은 공명이 살아 있는 사마의를 도망치게 하다

한중으로 돌아온 제갈공명은 다시 유선에게 글을 올려 북벌을 시도했다. 이때 올린 글을 「후 출사표(後出師表)」라 한다.

촉한과 역적 위나라는 양립할 수 없습니다. 또 왕업(王業)은 촉과 같은 변경 지방에서 가만히 앉아 이룩되는 것이 아니고 반드시 중원에 진출하여야만 가능한 것입니다. 신은 이 대업을 이루기 위해 노상 조심하고 노력하여 혼신의 힘을 다하여 쓰러진 후에 그칠 작정입니다. 왕업의 성패와 전쟁의 승패는 신이 정확히 알 수는 없사오나 오직 목적을 향하여 맹렬히 나아갈 따름입니다.

제갈공명은 군사를 거느리고 위나라 군대를 포위 공격했으나 승패가 나지 않았고, 결국 군량이 부족해 철수하기를 여러 번 반복했다.

諸葛武侯
撥亂扶危主殷勤
受託過管樂
英才過管樂
妙策勝
孫吳凜凜
出師未
堂堂八陣圖
如公全
盛德應歎古今典

醉梅道人 畵

- **제갈공명**
  유비가 죽은 뒤 유선을 도와 촉한을 이끌었던
  제갈공명은 오나라 공격에 실패하고 죽음을 맞
  이한다.

공명은 군사를 이끌고 귀국한 뒤 농업을 장려하고 무술을 연마해 군사력 강화에 힘썼다. 이렇게 힘을 기른 지 3년이 지나고 공명은 북벌 이래 최대 인원인 10만 명의 군사를 동원해 위나라를 공략하고 위수 남쪽에 진지를 구축했다. 제갈공명은 사마의에게 몇 번이고 싸움을 걸었지만 사마의는 싸우려 하지 않았다. 제갈공명은 사마의에게 여성용 두건과 목걸이, 옷 등을 선물로 보냈다. 남자답지 못하다고 조롱하는 것이었다.

사마의는 선물을 가져온 제갈공명의 사자에게 그의 일상생활을 자세히 물었다. 사자가 "일찍 일어나고 밤늦게 쉬면서 식사는 많이 하지 않는다"고 대답하자 사마의는 제갈공명이 먹는 것은 적고 일은 많으니 오래 살 수 없을 것이라고 판단했다. 실제로 제갈공명은 곧 병이 들어 중태에 빠졌다. 결국 제갈공명은 54세를 일기로 세상을 떠났다. 그날 밤하늘에는 큰 별이 떨어졌다고 한다.

공명이 죽었다는 소식이 전해지자 사마의는 즉시 추격전을 벌였다. 사마의의 군대가 점점 가까이 다가오자 철수 작전을 지휘하던 강유는 깃발의 방향을 돌리고 진군의 북을 울려 당장 사마의를 향해 싸울 듯한 태세를 취하게 했다. 그러자 사마의는 제갈공명이 죽었다는 정보가 거짓인가 싶어서 추격을 그만두고 돌아갔다. 사람들은 이것을 보고 죽은 공명이 살아 있는 사마의를 도망치게 했다고 말했다.

사마씨가 위나라의 실권을 잡다

제갈공명이 죽은 지 5년째 되던 해에 위 황제 조예도 병으로 세상을 떠났다. 조예는 죽기 전에 사마의와 조상에게 여덟 살의 어린 아들 조방을 보좌하게 했다. 사실상 이때부터 위나라에서는 조씨와 사마씨의 세력 다툼이 시작되었다.

처음에 사마의는 조상이 나이가 어려 안심하고 있었다. 그러

· **사마의**
위나라의 관리였던 사마의는 서진 건국의 기반을
마련했다. 사마의의 손자 사마염이 서진을 세운다.

나 조상은 다른 사람의 사주를 받아 자신의 세력을 확대할 생각
으로 계략을 써서 사마의의 군사권을 박탈했다. 사마의는 조상
의 세력이 날로 강성해지는 것을 보고는, 병을 이유로 집에 돌아
왔다. 그러면서도 아들 사마사에게 친위군의 지휘권을 장악하게
하여 정세의 변화를 예의주시했다.

한편, 조상은 병을 핑계로 집으로 돌아간 사마의가 계속 신경
쓰였다. 그는 이승이라는 사람을 보내 사마의의 동태를 살피게 했
다. 사마의는 중병에 걸린 것처럼 꾸미고 병상에 누워 있었다. 이
승이 병문안을 오자 하녀에게 부축하게 하여 간신히 자리에서 일
어났다. 이승이 인사말을 건넸지만 조상은 그 말을 못 알아들은
척하며 엉뚱한 소리를 했다. 사마의는 죽을 먹으면서 죽을 바닥에

흘리고 고통스러운 듯 어깨를 들썩거리며 숨을 거칠게 몰아쉬었다. 이런 모습을 본 이승은 조상에게 사마의의 병이 깊어 얼마 있지 않아 세상을 뜰 것 같다고 보고했다. 이 소식을 들은 조상은 그제야 사마의를 두려워할 필요가 없다고 생각하며 안심했다.

284년, 새해를 맞이한 조상은 아버지인 위 황제 조방을 따라 뤄양 남쪽에 있는 고평릉(조예의 무덤)에 갔다. 기회를 노리던 사마의는 비밀리에 조직해둔 결사대 3,000명을 이끌고 쿠데타를 일으켜 조상의 죄를 고발하는 「조서」를 발표했다. 결국 조상의 가족과 그의 일당이 제거되었다. 이를 일컬어 '고평릉 사변'이라 한다.

이 사건을 계기로 위나라의 실권은 사마씨에게 넘어가게 되었다. 2년 후 사마의가 71세를 일기로 사망하고, 그의 아들인 사마사·사마소 형제가 뒤를 이어 정권을 장악했다.

조모가 죽고 사마소가 권력을 장악하다

214년, 22세의 조방이 황위에서 내려오고, 대신 14세의 조모가 자리를 이어받았다. 사마사가 죽은 뒤 그의 동생 사마소가 승상으로서 정치를 장악했다. 그는 황제를 무시하고 제멋대로 권력을 휘둘렀다. 하지만 황제 조모도 성인의 나이에 가까워지면서 사마소의 횡포를 더 이상 참을 수 없었다. 조모의 불만은 사마소에게도 전해졌다. 사마소는 자신을 '진공(晉公)'이라 일컫고 옛 제도에 따라 최고 예우를 내리도록 황제를 협박했다. 이는 결국 황위를 빼앗기 위한 음모였다.

조모는 사마소의 기세가 날이 갈수록 커지자 억울하고 답답한 마음을 누를 길이 없었다. 어느 날 조모는 상서 왕경과 대신 왕침, 왕업을 불러 불만을 토로했다.

"신들도 알고 있듯이 사마소의 속마음을 모두가 알고 있는데 더 이상 어찌 참을 수 있단 말이오. 짐은 차라리 미련 없이 최후의 일전을 벌일 작정이오."

이 말을 들은 왕경은 조모에게 생각을 바꾸도록 간청했지만, 조모는 품속 깊이 간직했던 「조서」를 꺼내 놓고 이렇게 말했다.

"우리의 마음은 이미 결정되었고, 죽음 따위 두려워할 것 없소."

아무 말 없던 왕침과 왕업은 조모 앞에서 물러나자마자 이 사실을 사마소에게 전했다.

한편 조모는 사마소를 공격하기 위해 궁중의 모든 사람을 총동원했다. 결국 가충이 데려온 군사와 전투가 벌어졌다. 이 전투에서 조모는 가충의 부하인 성제의 창에 찔려 수레에서 떨어져 죽고 말았다.

사마소는 자신의 행동이 너무 지나쳤다고 가책을 느꼈다. 그래서 황제를 죽인 범인을 체포하기로 했지만, 심복인 가충을 희생시킬 수는 없었다. 결국 가충의 부하인 성제에게 모든 죄를 뒤집어씌워 그의 일족을 멸했다. 이후에도 사마소는 자신을 비난하는 백성의 여론을 잠재우려 했으나 쉽게 가라앉지 않았다.

결국 사마소는 황제 자리에 오를 수 없었다. 어쩔 수 없이 조조의 손자인 15세의 조환을 황제로 세울 수밖에 없었다.

촉한이 위나라에 패망하다

촉한의 대장군 비위는 거짓으로 항복한 위나라의 장수 곽순에게 암살당했다. 이제 강유라는 사람이 비위의 자리를 대신했다. 강유는 재상 제갈공명의 유언을 받들어 위나라를 계속 공격하며 중원의 통일을 꿈꾸었다.

사실 비위가 살아 있을 때도 강유는 자신의 무용과 재주만 믿고 대군을 일으켜 위나라를 치고자 했다. 그러자 비위는 제갈공명도 중원을 평정하지 못했는데 그보다 못한 우리가 어찌할 수 있겠느냐며 강유를 말렸다. 지금은 국가를 보전하고 사직을 지키는 것이 중요하다고 했다.

비위를 대신하게 된 강유는 바라던 대로 위나라를 침략했다. 위나라의 사마소는 고심 끝에 등애와 종회를 장수로 삼아 촉한을 공격했다. 종회는 한중으로 진출하고, 등애는 감송과 답중으로 진출해 강유의 군대를 견제했다. 강유는 종회가 이미 한중에 진출했다는 정보를 입수하고 군사를 수습해 답중에서 후퇴하려 했지만, 등애가 추격전을 벌여 승리를 거두었다. 강유는 후퇴하면서 검각의 요새에 진을 친 뒤 종회의 군사를 방어할 준비를 하고 있었다. 강유가 방어할 태세만 취하고 있을 때 등애가 실제로 험한 길을 뚫고 올 줄은 전혀 예상치 못했는데, 결국 이것이 촉한이 패망하는 원인이 되었다.

한편 등애는 계속 진군해 험준한 산악 지대인 음평(陰平: 지금의 간쑤성 룽난시 원현)에 이르러 사람들이 살지 않는 산을 깎아 700리 길을 만들었다. 결국 촉한 땅에 도착해 즉시 촉한의 대장 제갈첨(제갈공명의 아들)에게 항복을 권했다. 제갈첨은 항복을 거절하고 적군과 싸웠지만 등애의 군사에 패해 전사하고 말았다.

촉한의 조정에서는 위나라 군사가 이렇게 빨리 진격해오리라고는 예상하지 못했기에 싸울 준비도 하지 못했다. 게다가 등애가 이미 가까이 다가오고 있다는 소문을 들은 백성들은 동요하여 도망쳤고, 조정에서는 이를 제지할 힘이 없었다. 결국 촉한 왕 유선은 적장 등애에게 항복할 뜻을 전하려 했다. 이때 유선의 아들 유심이 크게 반발했다.

· 유선
유비의 아들인 유선은 위나라의 공격에 항복한다. 그는
다음 해 뤄양으로 가서 안락공에 봉해진다.

"적에게 대항할 도리가 없고 힘이 다하여 국가가 패망할 지경
에 이르렀으면 백성과 신하 모두 성을 등지고 죽기로 싸우다가
죽어서 선제를 배알하는 것이 당연합니다. 그러니 항복은 가당
치 않습니다."

유심은 눈물을 흘리며 간언했지만 아버지 유선은 받아들이지
않았다. 유심은 유비의 사당에 나아가 통곡한 뒤에 아내와 자식
을 먼저 죽이고 스스로도 목숨을 끊어 인생을 마감했다.

등애가 성도 북쪽에 이르자 유선은 군신을 거느리고 성 밖으
로 나와 항복했다. 이로써 촉한은 유비가 황제에 오른 지 43년

만에 멸망했다. 263년의 일이다. 강유도 황제의 칙명에 따라 그의 부장들과 함께 종회에게 항복했다. 위나라는 항복한 촉한의 왕 유선을 뤄양으로 보내 안락공(安樂公)에 봉했다.

촉한이 항복하고 난 어느 날, 진왕이 된 사마소가 유선을 잔치에 초대해 촉한의 음악과 무용을 보여주었다. 함께 구경하던 사람들은 유선의 처지를 안타깝게 여겨 눈물을 흘렸지만, 유선은 눈치도 없이 그저 기뻐하며 어쩔 줄 몰랐다. 나중에 사마소가 유선에게 옛 나라 촉한이 생각나지 않느냐고 물었다. 유선은 이곳 생활이 너무 좋아 촉한 생각이 나지 않는다고 대답했다. 이 말을 듣고는 사마소는 유선이 진짜 유비의 아들인지 의심했다. 사마소는 "제아무리 제갈공명이 있어도 이런 상태의 군주는 도저히 보좌할 수 없다"라며 탄식했다고 한다. '즐거움에 젖어 촉 땅을 생각하지 않는다'는 의미의 '낙불사촉(樂不思蜀)'이라는 고사성어가 바로 여기서 비롯되었다.

사마염, 마침내 삼국을 통일하다

촉한이 멸망하고 2년 뒤인 265년, 사마소가 죽고 그의 아들 사마염이 뒤를 이었다. 위나라의 마지막 왕 조환은 성대한 의식을 베풀고 그 자리에서 양위의 「조서」를 발표했다. 그날 조환은 양위

의식을 마치고 자신의 거처에서 눈물로 밤을 지새웠다고 한다.

이 양위를 통해 사마소의 아들 사마염은, 조조의 아들 조비가 후한의 헌제로부터 황제 자리를 물려받은 때와 마찬가지로, 세 번 사양의 뜻을 보인 뒤 자리를 이어받았다. 나라 이름을 '진(晉)'이라 하고 뤄양을 수도로 정했다. 위나라는 조비가 왕위에 오른 지 46년 만에 무너져내렸다.

촉한과 위나라는 중원을 무대로 끊임없이 싸우다보니 오나라에 신경 쓸 겨를이 없었다. 이때 오나라의 손권은 동남 지역 개발에 힘쓰고 있었다. 그곳은 춘추 시대 후기 오나라와 월나라가 있

• **사마염**
진나라를 건국하고 삼국으로 분열되었던 중국을 다시 통일했다.

었던 근거지로 자원이 풍부했다. 그러나 양쯔강 중류와 하류 지역은 여전히 개발되지 않았다.

이 부근의 산간 지대에는 산월족이 살고 있었다. 손권은 이곳에 병력을 투입해 산월족을 평지로 이주시켰다. 이들에게 세금을 거두고 젊은 남자를 병력으로 선발한 덕분에 오나라는 금세 성장할 수 있었다. 상업과 수공업도 크게 발전한 덕분에 이후 남조가 오랜 기간 화베이의 이민족 정권에 대항할 수 있는 경제적인 기반이 마련되었다.

오나라는 제4대 왕인 손호 시대에 이르면서 변화를 맞는다. 황제로 즉위한 손호는 처음에는 백성을 잘 보살피고 창고를 열어 가난한 사람을 구제했다. 그러나 시간이 지나자 사치스럽고 의심 많고 포악한 성질을 드러내면서 영토 확장에만 골몰했다. 어느 날 손호는 천하를 통일할 시기를 점치고는 진나라 국경을 침범했다. 육항이라는 신하가 부당하다고 주장했지만 손호는 받아들이지 않았다.

오나라가 국경을 침범하자 진나라에서는 오나라를 멸망시키고 천하를 제패할 기회라 생각했다. 진나라와 오나라의 양 군대는 국경인 상양에서 대치했다. 얼마 뒤 오나라 명장 육항이 병으로 죽자 진나라 장수 양고가 오나라를 공격할 것을 주장했다. 그러나 조정 중신들은 대부분 반대했다. 양고는 하늘이 내린 좋은 기회를 잃게 되었다며 안타까워했고, 결국 병에 걸려 숨을 거두었다.

이때 오나라 왕 손호는 잔악한 행동을 일삼아 민심을 저버리고 있었다. 소식을 들은 진나라는 대군을 동원해 오나라 공격에 나섰다. 장군 두예는 장릉에서 출병하고 왕준은 파촉으로부터 양쯔강을 따라 내려가 오나라를 공략했다.

오나라 장수들은 침입을 막기 위해 준비한 쇠사슬과 송곳 덕분에 진나라 군대가 쉽게 넘어오리라고 생각하지 못했다. 하지만 예상치 못한 급습을 받게 되었다. 오나라의 군사가 흐트러지기 시작하자 두예는 일부 군사를 나누어 왕준의 군사와 함께 우창을 공격해 함락시켰다. 우창을 함락한 두예는 강물이 적어지는 내년 겨울에 다시 오나라를 공격하자는 주변의 의견을 물리쳤다. 두예는 각 부장에게 전략을 전달해 즉시 오나라의 수도 건업을 향해 진격을 결정했다.

건업에 상륙한 왕준의 군대는 함성을 지르며 오나라 최후의 보루 석두성을 공격했다. 손호는 손을 뒤로 묶고 얼굴만 드러낸 채 수레에 실려 왕준에게 항복했다. 오나라는 4대 52년 만에 멸망했다. 삼국으로 분열되었던 중국은 다시 진나라에 의해 통일을 이루게 되었다.

위·진·남북조 시대에 탄생한 고사성어는 어떤 것이 있을까?

위·진·남북조 시대는 수많은 인물이 활동하면서 무궁무진한 사건과 일화를 남겼다. 그러면서 난세를 살아갈 지혜와 교훈이 담긴 다양한 고사성어도 탄생하게 되었다. 앞에서 나온 삼고초려, 칠종칠금, 읍참마속, 낙불사촉 등이 대표적인 위·진·남북조 시대의 고사성어다. 그럼 이 밖에 또 어떤 이야기가 고사성어로 전해지고 있는지 알아보자.

1. 계륵(鷄肋): 크게 쓸모는 없지만 버리기는 아까운 것

삼국 시대가 시작되기 1년 전 유비는 익주를 점령한 뒤 한중이라는 땅을 두고 조조와 싸움을 벌였다. 싸움은 여러 달 계속되었지만, 조조의 군대는 식량이 부족해 탈영병이 속출했다. 조조를 보좌하던 사람이 후퇴할지 말지를 묻자, 조조는 먹고 있던 닭의 갈비를 보더니 무심코 "계륵(鷄肋)"이라고 말했다. 그러자 이 말을 들은 참모 양수는 군대를 장안으로 돌릴 준비를 했다. 다른 이들이 양수에게 철수 준비를 하는 이유를 묻자 이렇게 대답했다고 한다. "닭갈비는 먹으려 하면 먹을 것이 없고 버리기에는 아까운 것이오. 지금 이곳을 계륵에 비유하셨다면 군대를 철수하기로 결정하신 것 아니겠소?" 결국 양수의 추측대로 조조는 다음 날 철수 명령을 내렸다.

2. 군계일학(群鷄一鶴): 많은 사람 가운데 몹시 뛰어난 한 사람

죽림칠현(竹林七賢) 가운데 한 사람인 혜강의 아들 혜소는 홀어머니와 함께 살고 있었다. 평소 혜소의 재능을 아까워하던 사람들이 그에게 벼슬을 줄 것을 무제에게 청했다. 그러자 무제는 이를 받아들여 혜소를 등용했다. 혜소가 뤄양에 들어가자 그를 본 사람들이 이렇게 말했다고 한다. "군중 속에 있는 혜소는 마치 닭의 무리에 있는 한 마리의 학(群鷄一鶴)과 같군요." 이처럼 군계일학은 많은 사람 가운데서 뛰어난 인물을 이르는 비유다.

3. 도원결의(桃園結義): 뜻이 같은 사람이 같은 목적을 위해 함께 행동할 것을 약속함

황건적의 난으로 나라가 불안하자 난을 진압하기 위해 각 지방에 의용병을 모집하라는 지시가 내려졌다. 유비는 나라의 큰 위기를 느끼고 한숨만 쉬고 있을 때 장비가 나타나 마음을 함께하며 의견을 나누었다. 조금 뒤에는 기골이 장대한 사내가 합류했는데, 그가 곧 관우다. 유비, 관우, 장비 세 사람은 뜻이 맞아 나라를 위해 함께 싸우기로 결심했다. 이렇게 하여 유비의 집 정원 복숭아나무 아래서 세 사람은 의형제를 맺고 함께 행동하기로 결심했다.

4. 자업자득(自業自得): 스스로 저지른 결과가 자신에게 돌아옴

양(梁)나라 무제(武帝)는 남조 제일의 명군으로 평가받는다. 불교에 심취해 '황제 보살'이라고도 불렸다. 하지만 노년에는 불행히도 폭정을 저지르고 만다. 결국 그는 후경의 난으로 황제 자리에서 물러나 유배되었고 억울하고 분한 마음에 병까지 들었다. 무제는 죽어가면서 이런 말을 남겼다고 한다. "자업자득(自業自得)이로구나. 이제 와서 무슨 말을 하겠는가!'

• 「오성급이십팔숙진형도(五星及二十八宿眞形圖)」의 일부
양나라의 화가 장승요가 그린 대표적인 작품으로 그의 놀라운 그림 솜씨를 엿볼 수 있다. 이 작품은
현재 오사카 시립박물관에 소장되어 있다.

5. 화룡점정(畵龍點睛): 가장 중요한 일을 해결함으로써 그 일을 마침

양(梁)나라의 장승요라는 화가는 그림 솜씨가 매우 뛰어났다. 하루는 그가 안락사라는 절에서 용 두 마리를 그렸는데 눈동자를 그리지 않고 있었다. 사람들이 그 이유를 묻자 "눈동자를 그리면 용이 날아가기 때문입니다"라고 대답했다. 사람들이 도무지 믿지 않자 그는 용 한 마리에 눈동자를 그려 넣었다. 그랬더니 진짜로 용이 벽을 차고 하늘로 올라가버려 한 마리만 남게 되었다고 한다.

적벽대전의 주인공은 누구인가?

북쪽을 평정한 조조는 눈을 돌려 남쪽 지역도 정벌하고자 군사를 일으켰다. 그러자 남쪽에 있던 유비와 손권은 손을 잡고 적벽에서 조조의 군대를 마주했다. 조조의 군대는 먼 길을 오느라 피곤한데다 물 위에서 생활하는 것에 익숙하지 않아 전투에서 고전하고 있었다.

조조의 군대는 배를 모두 쇠고리로 연결해 하나로 묶은 다음, 그 위에 널빤지를 깔아 배가 움직이지 않도록 만들었다. 이때 유비와 손권의 책사 황개는 조조의 군대는 배가 연결되어 진퇴가 자유롭지 못하니 불로 공격하면 한 번에 격파할 수 있다고 계책을 내놓았다. 유비와 손권은 이를 받아들였다. 연합군은 우선 배 열 척에 마른 섶과 갈대를 가득 싣고 기름을 부은 다음, 밖에서는 보이지 않게 포장으로 덮고 그 위에 기를 꽂았다.

준비가 완료되자 황개는 조조에게 거짓으로 항복하겠다는 내용의 글을 보냈다. 그러고는 항복하러 가겠다는 날짜와 시간에 맨 앞에서 전선들을 거느리고 나아갔다. 조조의 수군이 가까워지자 황개는 신호를 올려 각 배에 가득 실은 섶과 갈대에 일제히 불을 질렀다. 이때 동남풍이 불자 황개의 선단은 쏜살같이 조조의 함대를 공격했다. 쇠고리로 연결해놓은 조조의 함대는 움직일 수 없었고 순식간에 불길에 싸여 강 언덕까지도 붉게 물들였다. 조조가 참패한 것이다. 사실 이때가 겨울이어서 동남풍이 불 수 없었다. 하지만 동남풍이 불게 하려고 제갈공명은 칠성단을 세운 뒤 목욕재계를 하고 간절히 칠일 칠야 기도를 드렸다고 한다.

적벽대전은 소수가 다수를 이긴 전쟁이었다. 만약 적벽대전에서 조조가 승리하고 손권과 유비의 연합군이 패배했다면 중국은 그때(208) 통일되었을지 모른다. 하지만 조조가 패배하는 바람에 천하는 세 나라로 분열되고 말았다.

누가 봐도 수적으로 우세한 조조의 군대에 맞서 유비와 손권은 지리적 이점과 전략적 전술을 활용해 승리했다. 이 이야기는 다양한 영화와 소설에서 흥미로운 소재로 활용되고 있다. 적벽대전에는 조조, 손권, 주유, 제갈공명, 황개, 유비, 조자룡 등 뛰

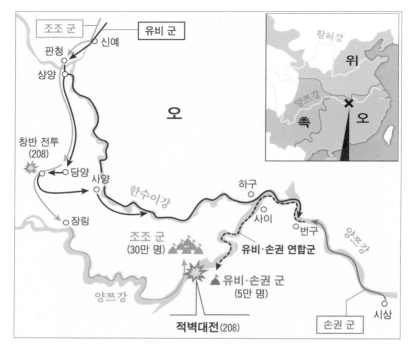

- **적벽대전 전개도**
  삼국 시대의 백미인 적벽대전은 유비와 손권의 연합군이 조조 군대에 맞서 승리한 전투였다. 적벽대전으로 위·촉·오 삼국의 형세가 확정되었다.

어난 인물들이 활약한다. 여기서는 누구 하나만을 주인공이라고 할 수 없다. 재미있게도 누구를 주인공으로 보느냐에 따라 적벽대전의 이야기가 전혀 새로워질 수도 있다.

만약 적벽대전을 주제로 영화를 만든다면 여러분은 어떤 인물을 주인공으로 세우고 각 배역에 어떤 배우를 캐스팅하고 싶은

가? 이에 따라 시나리오는 어떻게 전개될 수 있을까? 여러분이 감독 또는 시나리오 작가가 되었다고 생각하고 마음껏 상상력을 발휘해보자.

배역	내가 캐스팅할 배우	그 이유
조조		
손권		
유비		
황개		
주유		
제갈공명		
조자룡		

중국이 위·촉·오로 나뉜 삼국 시대는 위나라가 주도권을 잡는다. 이후 위나라의 정권을 장악한 사마의의 손자 사마염이 서진을 세워 삼국을 통일한다. 처음에는 모범적인 정치를 펼치던 사마염은 나중에 사치와 향락에 빠져들었고, 지방의 왕족들이 일으킨 '팔왕의 난'으로 서진은 혼란에 빠진다. 서진은 팔왕의 난을 진압하기 위해 북방의 이민족을 불러들였지만, 도리어 이민족에 의해 일어난 '영가의 난'이 결국 서진이 멸망하는 계기가 되었다.

이 시기에는 수많은 북방의 이민족이 중국의 남쪽으로 내려와 한족과 섞이면서, 중국 사회는 이전과는 다른 모습으로 바뀌게 된다. 과연 중국 대륙에는 어떠한 변화가 일어났을까?

제2장

서진 시대

01

사마염의 진나라가 삼국을 통일하다

사마염이 위나라로부터 천자의 자리를 넘겨받은 뒤 15년이 된 280년에 진나라가 오나라를 멸망시킴으로써 약 100년 동안 분열되었던 중국을 다시 통일했다. 진나라는 156년 동안 존속했는데, 전반 52년간은 수도를 뤄양에 두었다. 이때를 '서진(265~316)'이라 한다. 후반 104년간은 수도를 건강(建康: 지금의 난징)에 두었다. 이때를 '동진(317~420)'이라 한다.

사마염이 서진을 세우다

서진 왕조를 창립한 무제(재위: 265~290) 사마염은 즉위 당시 진

상품인 치두구(稚頭裘: 꿩의 머리털로 짠 고가의 가죽옷)를 사치품으로 여겨 불태워 없앴다고 한다. 이러한 사례에서도 알 수 있듯이 사마염은 정치와 민생 안정에 신경을 많이 썼다. 그는 280년에 오 왕조를 멸망시켜 전국을 통일하자마자 화베이 지방을 중심으로 지배 질서를 회복하고 농업 생산력을 향상하기 위해 노력했다.

사마염은 27명에 달하는 사마씨 친척을 모두 왕으로 분봉했다. 이것은 옛 후한 시대의 제도를 계승한 것으로, 고대 봉건제의 부활을 의미한다. 하지만 각 지역의 왕들이 강한 세력을 구축하면서 훗날 '팔왕의 난'이라는 권력 투쟁의 원인이 되기도 한다.

태시 4년(268) 사마염은 「조서」를 내려 품행이 어질고 재능이 뛰어나며 정직하게 직언할 줄 아는 선비를 추천하라고 명령했다. 그리고 제후국에 다음의 다섯 가지 조례를 시행하라는 「조서」를 내렸다. 첫째, 마음을 바르게 한다. 둘째, 백성에게 마음을 다한다. 셋째, 고아와 과부를 어루만진다. 넷째, 농업을 중시하고 상업을 경시한다. 다섯째, 인간관계를 복잡하게 만들지 않는다. 이로써 사마염은 황제가 된 뒤로 제도 개혁의 임무를 완수했다.

사치와 방종에 빠진 사마염

민생 안정과 통치 기반 마련에 힘쓰던 사마염도 후반에는 점차 사치와 방종에 빠졌다. 수많은 미녀를 후궁으로 불러들이면서도 정치는 나 몰라라 했다.

이와 관련해 재미있는 이야기 하나가 전해진다. 사마염은 후궁이 너무 많아 매일 밤 어느 처소에 들어야 할지 고민이었다고 한다. 그래서 양이 끄는 수레를 타고 양이 발길을 멈추는 곳의 처소에 들러 후궁과 밤을 지냈다. 그러자 후궁들은 왕의 총애를 받고자 자기 처소 문 앞에 양이 좋아하는 댓잎과 소금물을 뿌리고

• **방종에 빠진 사마염**
사마염은 나라는 돌보지 않고 매일 밤 양이 끄는 수레를 타고 발길이 멈추는 곳에 있는 후궁과 밤을 지낼 정도로 제멋대로 행동했다.

간택되기를 기다렸다고 한다.

황제는 여기에 만족하지 않고 계속해서 미녀들을 구하려 했고, 백성들은 이 때문에 더욱더 살기가 힘들어졌다. 황제가 이러한 판국이니 그 아래 신하들이 정사를 제대로 돌보았겠는가.

어느 날 무제가 사위인 왕제의 저택을 방문했다. 비단과 보석으로 치장한 많은 하녀가 진기한 그릇에 담긴 산해진미를 분주하게 나르고 있었다. 잔칫상 가운데는 돼지고기 구이가 있었다. 무제는 고기가 맛있어 보여 한 점을 시식했는데 이전에 먹어보지 못한 맛이었다. 무제가 이 요리의 맛이 어찌 이리 훌륭하냐고 물었더니 "이 고기는 사람의 젖으로 기른 돼지고기"라고 대답했다고 한다. 가히 상상을 초월하는 사치였다.

누가 누가 더 사치스러울까?

당시 지배층은 누가 더 사치스러운지를 두고 경쟁했다. 왕개는 사마염의 황후인 문명 황후의 남동생으로, 우장군까지 올라 사마염의 신임과 총애를 받았다. 대권을 손에 쥔 왕개는 백성의 피와 땀을 착취해 재물을 모아 석숭, 양수와 함께 3대 부자로 불렸다. 세 사람은 자신의 재력이 더 낫다는 것을 증명하기 위해 사치의 정도로 재력을 겨루었다.

그중 석숭과 왕개의 이야기가 유명하다. 왕개가 자신의 부를 과시하기 위해 꿀물의 일종인 맥아당으로 설거지를 했다. 맥아당은 당시 시세로 한 방울이면 마을 하나를 샀다고 한다. 그러자 석숭은 섶 대신 값비싼 백랍(白蠟: 양초)을 사용해 밥을 지었다. 왕개는 석숭을 제압하기 위해 자색 비단으로 20킬로미터를 가릴 수 있는 장막을 만들었다. 그러자 석숭은 왕개가 사용한 비단보다 더 비싼 수를 놓은 비단으로 25킬로미터를 가릴 수 있

• **석숭**
3대 부자 중 하나인 석숭은 자신의 별장인 금곡원(金谷園)에 수시로 손님을 초대해 잔치를 베풀고, 여기서 시를 짓지 못하는 사람에게는 벌주 세 말을 마시게 했다고 한다.

는 장막을 만들었다.

이 대결에서는 석숭이 우세하다는 평이 많았다. 그래서 황제는 외삼촌인 왕개를 돕기 위해 두 자가 넘는 산호수를 왕개에게 주었다. 왕개는 곧장 석숭을 초대해 산호수를 자랑했다. 그런데 석숭은 웃으면서 쇠막대기로 산호수를 산산조각 내버렸다. 왕개가 화를 내자 석숭은 이렇게 말했다. "이것이 아깝다면 내가 변상해드리리다." 그러고는 하인을 시켜 자신이 소장하고 있는 산호를 모두 가져오게 했다. 하인은 높이가 1미터가 넘는 산호 수 예닐곱 개를 가져와 보여주며 마음에 드는 것을 고르게 했다. 왕개는 할 말을 잃고 그저 경탄할 따름이었다.

지배층이 이런 사치를 누리는 동안 백성의 삶은 고달플 수밖에 없었다. 지배층은 수많은 노비를 거느리고 어마어마한 집을 소유하며 농민을 착취했다. 이런 상황에서도 무제의 아들 사마충은 세상일에 관심이 없었다. 흉년이 들어 백성들이 굶어 죽는다는 이야기를 듣고도 "쌀이 없으면 고기라도 먹지 왜 굶어 죽는단 말이오"라고 말했다고 한다.

02

흔들리는 서진과 팔왕의 난

사마씨 가문은 위나라 시절 사마의 때부터 권력자로 군림했다. 초대 황제인 무제 사마염이 황제의 자리를 위나라로부터 물려받자 그의 조부 사마의에게는 '선제', 그의 아버지 사마소에게는 '문제', 그의 백부 사마사에게는 '경제'라는 시호를 올렸다.

무제는 황태자 사마충이 너무 어리석어 한때는 자신의 동생 사마유에게 자리를 물려줄까 고민했지만, 사마유가 무제보다 먼저 죽었기 때문에 그럴 수 없었다.

'바보 황제' 혜제의 즉위

무제는 오나라를 평정해 천하 통일의 꿈을 완성했으나 황태자의 장래가 걱정되었다.

어느 날 무제는 성대한 잔치를 베풀어 군신들과 함께 술을 마시고 취했다. 그 옆에 있던 위관이 취한 척하며 무릎을 꿇더니 옥좌를 만지면서 "이 자리가 너무 과분합니다"라고 중얼거렸다. 무제는 위관의 뜻을 알아차리고는 이를 모른 척하며 너무 취했다는 말만 했다. 잔치가 끝난 뒤 무제는 기분이 우울했다. 무제는 황태자 사마충의 실력을 시험해볼 요량으로 동궁에서 잔치를 열고 신하들에게 문제를 몇 개 내게 했다. 그러고는 시험지를 밀봉해 황태자에게 보내 답안을 작성하도록 했다.

태자의 처소에 시험문제가 도착했으나 태자의 실력으로는 풀수가 없었다. 그러자 태자비 가남풍이 기지를 발휘했다. 사실 가남풍은 황제와 신하들이 태자 폐위를 논의한다는 사실을 알고 있었다. 그녀는 시험문제를 가져온 관리를 매수해 정답을 모두 알아냈고 그 답을 태자 사마충이 베껴 쓰도록 했다. 무제는 이 답안을 보고 만족했다. 결국, 황태자비 가남풍의 수완으로 사마충은 황태자의 자리를 유지할 수 있었다.

태희 원년(290) 무제 사마염이 55세의 나이로 죽었다. 죽음이 다가오자 사마염은 후사를 황후 양 씨의 아버지 양준과 황족의 원로인 사마양에게 부탁했다. 이들 두 사람을 수도로 불렀으나 사마양은 양준의 방해로 수도 뤄양으로 올라오지 못하고 양준이 홀로 후사를 위탁받았다. 이후 황태자 사마충이 혜제(재위: 301~307)라는 이름으로 즉위했다.

황후 가남풍이 정권을 장악하다

양준이 정권을 장악하자 혜제의 황후인 가남풍이 불만을 품었다. 가남풍은 얼굴이 못생기고 키가 작고 피부도 검은 편이었다고 한다. 그녀는 권모술수에 능하고 질투심도 강한 여인이었다. 실제로 가남풍이 황태자비로 간택된 건 그의 아버지 가충 덕분이었다. 그는 사마소가 일으킨 쿠데타를 진압한 일등 공신인데다 오나라를 토벌하는 데 공이 컸다.

가 황후는 여남왕 사마양에게 군사를 일으킬 것을 독려했지만 사마양은 권유를 뿌리치고 쉬창으로 떠나버렸다. 가 황후는 다시 초 왕 사마위에게 접근했다. 사마위는 가 황후의 권유를 받은 즉시 군사를 이끌고 뤄양으로 올라와 양준에게 모반죄를 씌우고 그의 일당을 처형했다.

가 황후는 황족의 원로인 여남왕 사마양과 72세의 위관을 기용했다. 여남왕을 '태재(太宰)'라는 새로운 관직에 임용하고, 위관을 '태보(太保)'로 삼았다. 두 원로를 등용한 덕에 가 황후는 주변 사람들의 지지와 신뢰를 이끌어냈다.

하지만 초왕 사마위는 양씨 정권을 무너뜨린 주역이 자신인데, 다른 사람이 높은 자리에 올랐다며 불만을 토로했다. 한편, 사마양과 위관은 "초왕 사마위는 젊은 혈기를 누르지 못하고 성격이 잔인하다. 게다가 군대를 거느리고 있으니 위험한 인물이다"라며 병권을 회수할 계획을 세우고 있었다.

이 계획이 사전에 누설되어 초왕 사마위는 크게 화를 냈다. 이를 이용해 가 황후는 두 원로마저 제거할 계획을 꾸몄다. 가 황후는 혜제에게 '두 원로대신이 황제의 폐립을 모의했으니 관직을 삭탈한다'라는 「조서」를 만들도록 해 초왕의 군대를 불러들였다. 이에 초왕은 여남왕 사마양과 위관을 체포해 살해했다.

이제는 초왕 사마위를 제거할 차례였다. 가 황후는 '초왕 사마위는 멋대로 사람을 죽였으니 사형에 처한다'라는 「조서」를 내려 사마위의 목을 베었다. 사마위는 죽기 직전에 가서야 자신이 가 황후에게 이용당했음을 알았다. 결국 가 황후는 여남왕 사마양, 초왕 사마위, 원로대신 위관을 한꺼번에 제거하고 가씨 정권을 세우는 데 성공했다.

가남풍은 태자비였을 때부터 질투심으로 여러 사람을 죽인 적이 있다. 임신한 사마충의 후궁에게 미늘창을 던져 유산시킨 적도 있었다. 이 일로 크게 화가 난 무제 사마염은 가남풍을 폐위해 금용성에 가두려 했다. 그러나 황후 양씨가 태자비의 아버지인 가충과 그 가문의 공로를 생각해 용서해달라고 간곡히 부탁했다. 덕분에 가남풍은 가까스로 태자비의 지위를 유지할 수 있었다. 이랬던 가남풍은 정권을 잡은 뒤 많은 신하와 정을 통했고, 미소년들을 궁중으로 데려와 관계를 맺고는 대부분 잔인하게 죽였다고 한다.

가 황후는 공주 넷만 낳고 아들은 낳지 못해 그녀의 친정 동생이 낳은 아들을 양자로 키웠다. 실제로는 자신이 낳은 것처럼 위장하기 위해 거짓 임신을 했다. 만약 가 황후가 황자를 낳을 경우 황태자 사마휼의 앞날은 불을 보듯 뻔했다.

팔왕의 난이 벌어지다

가 황후의 정권을 사마씨 일족이 그대로 두고 볼 수는 없었다. 그러다가 때마침 기회가 찾아왔다. 원강 9년(229) 가 황후는 사마휼을 황태자 자리에서 몰아냈다. 자신의 양자를 황태자로 세우기 위해 후궁의 자식인 사마휼을 폐한 것이다. 사마씨는 바로 이

것을 노리고 있었다.

　다음 해 3월 폐위된 황태자가 살해되었다. 이 사건을 기회로 조왕 사마륜과 제왕 사마경이 군사를 일으켰다. 결국 가씨 정권의 중심인물이었던 가밀을 시작으로 그의 일당이 모두 살해되었다. 가 황후는 금용성에 갇혔고 그로부터 5일 후 금설주(金屑酒: 금가루를 넣은 술)를 마시고 스스로 목숨을 끊게 했다. 이후 무려 16년 동안 정권 찬탈을 위한 사마씨 황족 간의 싸움이 시작되었는데, 이것을 '팔왕의 난'이라 부른다.

　사마륜이 혜제를 몰아내고 황제의 자리에 오르자 각지의 여러 왕이 반발했다. 사마씨의 골육상쟁(骨肉相爭: 형제나 같은 민족끼리 서로 다툼)은 동해왕 사마월이 회제(재위: 307~313)를 즉위시킬 때까지 계속되었다. 회제는 팔왕 가운데 유일한 생존자인 동해왕 사마월의 보좌를 받았고 이로써 팔왕의 난도 막을 내리게 되었다.

　팔왕의 난은 16년 동안이나 지속되었는데, 그동안 흉년과 기근이 계속되어 백성들의 생활이 더욱 곤궁해졌다. 여덟 왕이 싸우는 동안 병력 보강이 중요했기에 흉노족과 선비족의 군대까지 불러들였다. 결국 왕들의 싸움에 유목 민족, 즉 외세를 끌어들인 것이다. 북방 유목민의 무장 병력을 앞다투어 데려온 이 시기가 이후 서진이 멸망하고 화베이를 5호가 장악하는 시작점이 되었다.

흉노의 침입과 유목 민족의 등장

흉노 사람인 유연은 어릴 때 상당(上黨: 지금의 창즈)군에 있는 최유를 스승으로 모시고 한나라의 서적을 공부했다. 이후 유연은 진나라의 오부대도독에 임명되어 건위장군이라는 칭호까지 받았다. 하지만 흉노족 내에 모반 행위가 있는 바람에 잠시 해임되었다. 팔왕 중 한 명인 성도왕 사마영이 업(鄴: 지금의 허베이성 린장현)에 있을 때, 유연을 삭녕장군(朔寧將軍)으로 삼아 자신의 진영으로 끌어들였다. 사마영이 자신의 군사력을 확대하기 위한 속셈이었다.

흉노 사람 유연, 영가의 난을 일으키다

흉노족 내부에서는 진나라와 사마씨가 내란을 벌여 천하가 혼란스러운 이때야말로 자신들의 나라를 만들 기회라고 판단했다. 나라를 일으키는 큰일에는 강력한 지도자가 필요했으므로, 흉노의 원로인 우현왕 유선은 밀사를 파견해 유연의 귀환을 독촉했다. 유연을 흉노의 지도자로 세우기 위해서였다. 밀사로부터 연락을 받은 유연은 성도왕에게 흉노에 장례식이 있어 다녀오겠다고 허락을 구했으나 성도왕은 허락하지 않았다. 그러던 중에 성도왕이 병력이 더 필요하게 되자, 유연은 흉노의 군대를 이끌고 오겠다는 구실을 내세워 겨우 귀국할 수 있었다.

흉노의 여러 부족은 귀국한 유연을 흉노 최고 지도자인 대선우에 추대했고, 잠깐 사이 유연 밑에 5만의 군사가 집결하게 되었다. 영흥 원년(304) 10월 유연은 한왕(재위: 304~310)이라 칭하고 연호를 '원희'라 정했다. 수도는 리스에서 평양(平陽: 지금의 린펀)으로 옮겼다. 유연은 이로부터 4년 후인 영가 2년(308)에 황제가 되었다. 이 사건을 '영가의 난'이라 한다. 유연은 국호를 '한(漢)'으로 정하고 연호를 '영봉'이라고 했다. 이때부터 16국 시대가 시작되었다.

유연은 동족인 흉노족뿐만 아니라 갈족까지도 그의 세력에 포함시켰다. 갈족의 지도자는 석륵이라는 사람이었다. 석륵은 오랑캐 병사 수천 명, 오환 부락의 2,000명을 이끌고 유연에게 의탁했다. 이때 선비족, 저족 등도 유연에게 투항했다. 이로써 흉노, 선비, 갈, 저, 강 등 여러 북방 민족이 함께 서진에 저항하는 세력을 이루었다.

또 다른 내분의 시작

한의 황제 유연은 영가 4년(310)에 죽었다. 황제 유연이 죽자 태자 유화가 그 뒤를 잇게 되었으나 내분이 일어나 태자의 동생 유총이 형 유화를 죽이고 황제 자리에 올랐다. 영가 5년(311) 한의 유총은 뤄양을 목표로 공격을 시작했고 하남의 모든 지역을 점령해 뤄양을 고립시키고자 했다.

서진의 동해왕(황제 회제의 후견인)은 전국에 격문을 보내 뤄양의 위급 상황을 알리고 구원병을 모집했다. 동해왕은 사방에서 어렵사리 모은 4만 명의 군사를 거느리고 뤄양 동쪽 쉬창에 주둔했다. 회제는 동해왕이 멋대로 행동하는 것에 불만을 품고 그를 죽이려 했다. 이를 알게 된 동해왕은 억울함과 원통함을 참지 못해 병들어 죽었는데, 후사를 태위 왕연에게 부탁했다. 팔왕의 난이 끝난 후 서진에 또 다른 내분이 시작된 것이다.

후사를 부탁받은 왕연은 동해왕파였으나, 그는 뤄양에서 탈출할 기회만 노리고 있었다. 왕연은 동해왕의 죽음이 뤄양에서 탈출할 기회라고 생각했다. 동해왕의 시신을 호송해 동해로 간다는 구실로 황족, 귀족, 명문가의 자제 등 10만 명을 거느리고 황제를 홀로 남겨둔 채 뤄양을 떠났다.

　　10만 명은 이동하기에 너무 많은 인원이었다. 갈족의 장군 석륵은 이들의 이동 소식을 듣자 즉시 공격을 개시했고, 서진의 10만 명은 서로 짓밟혀 죽는 바람에 석륵의 군대는 쉽게 승리를 거둘 수 있었다.

　　석륵은 뤄양성을 함락해 회제를 포로로 삼았고 태자 사마전을 비롯해 3만여 명을 죽였다. 유총은 평양으로 끌려온 회제를 '회계군공'에 봉하고 온갖 수모를 당하게 했다. 영가 7년(313)에 유총이 광극전에서 신하들을 모아놓고 연회를 베풀었다. 이때 회제에게 노비의 옷을 입히고 술을 따르게 하니 서진의 옛 신하인 경민과 왕준이 분노를 참지 못하고 울음을 터뜨리고 말았다. 이에 기분이 나빠진 유총은 회제와 서진의 옛 신하 10여 명을 죽여버렸다. 이때 회제의 나이는 겨우 서른이었다.

　　회제가 죽임을 당했다는 소식이 장안에 전해지자 서진의 신하들은 상을 치르고 태자 사마업을 황제의 자리에 올렸다. 그가 바로 민제(재위: 313~316)다. 그러나 사실상 뤄양이 함락됨으로써 서진 왕조는 막을 내린 것과 같았다.

일찍이 흉노군이 뤄양성을 공략하고자 내세운 인물은 유요, 석륵, 호연안, 왕미였다. 이 네 사람의 군대가 합동으로 공략하기로 작전이 짜여 있었다. 이 가운데 왕미는 한족 출신 장군이었다. 왕미는 유요의 군대가 오기 전에 먼저 뤄양을 공격하고 약탈했다. 결국 총사령관 유요는 왕미의 부장 왕연의 목을 베고 질서를 유지하려 했다. 이에 왕미는 불만을 품었지만 일단은 유요에게 사죄함으로써 이들의 불화는 겉으로는 일단락되었다.

왕미는 뤄양이 천해의 요새이고 궁전도 있으니 수도를 평양에서 뤄양으로 옮기자고 건의했다. 하지만 유요는 뤄양이 사면으로 공격받기 쉽고 지키기 어려운 곳이라며 반대했다. 그러고는 뤄양을 불태워버렸다. 이전에 동탁의 손에 불타버렸던 뤄양이 다시 유요의 손에 불타게 된 것이다.

왕미는 흉노가 제왕의 뜻을 품을 수 없다며 부하들을 거느리고 동쪽으로 떠났다. 사실 왕미가 동쪽으로 간 것은 뤄양 동쪽에 있는 석륵을 습격해 천하를 도모할 속셈이었다. 그러나 석륵은 이를 알고 복병을 써서 왕미를 죽이고 왕미의 무리를 포섭했다. 이에 따라 흉노족 내부에 있던 강한 한족 부대는 사라지고 말았다.

뤄양을 함락시킨 유요는 양 씨를 자기 부인으로 삼았다. 앞에 나온 가 황후가 쫓겨난 뒤 혜제의 황후가 되고 폐위와 복위를 반복했던 양헌용이라는 미인이 바로 이 양 씨다.

위·진 시대 지식인은 여자 화장을 했다?

역사에서는 처음 의도와 달리 후세에 변질되는 것이 많은데, 대표적인 예가 '선양 제도'다. 선양 제도는 본래 요순시대에 자식이 아닌 현명한 사람에게 권력을 물려주는 제도였다. 하지만 후세에 권력을 찬탈하려는 세력에 의해 변질되고 말았다. 대표적으로 조조의 아들 조비는 후한의 헌제를 협박해 선양의 형식으로 황위를 내놓게 했다. 266년 사마염도 조비를 따라 위나라 정권을 찬탈하고는 이것을 선양으로 미화시켰다.

당시 정통성을 중시하던 사람들은 이 같은 행태에 불만을 품고 나름대로 저항운동을 벌였다. 현세를 비웃고 현실의 민감한 문제를 피하는 것이 저항의 방식이었다. 이들 가운데는 허무주의를 숭상하고 예법을 멸시하는 사람도 있었고, 술과 방종에 빠진 사람도 있었다. 명사(名士)들은 혼란에 빠져 통치자의 권력에 굴복하고 마음에 없는 말과 원치 않는 일을 해야 했다.

이 시기의 사회상을 보면 첫째, 세속에 구애되지 않고 상식을 벗어나는 행동이 많았다. 지식인들은 여자 화장을 진하게 하는 것처럼 기존 형식을 탈피하는 기행을 저질렀다. 둘째, 술과 약물로 고단한 현실 정치에서 벗어나고자 했다. 셋째, 산속에서 은거 생활을 했는데, 이를 통해 현실을 피하고 자신의 신념을 지키고자 한 것이다.

　지식인들은 유학의 틀에서 벗어나 새로운 종교를 추구했다. 이때 도가와 유가를 결합한 독특한 현학이 등장하게 되었다. 예를 들면, 왕필처럼 노장 학설을 가지고 『역경』과 『논어』를 해석하거나, 완적과 혜강처럼 노자와 장자를 스승으로 삼고 유가를 반대하며 자연을 숭상했다. 이전과는 전혀 다른 새로운 학문적 풍토가 생겨난 것이다.

플립러닝

암울한 시기에 자신만의 방식으로
현실에 저항한 지식인, 죽림칠현

위·촉·오로 분열된 삼국 시대에 어지러운 속세 정치보다는 자연 속에서 자유로운 삶을 추구했던 무리를 '죽림칠현'이라고 한다. 말 그대로 대나무 숲에 은거한 현자들로, 완적, 혜강, 산도, 유령, 완함, 상수, 왕융 일곱 명을 가리킨다. 이들은 노장사상에서 말하는 무위자연(無爲自然)을 추구했다. 속세의 굴레를 벗어나 자연 속에서 술을 마시며 청담(淸談: 철학적인 담론, 즉 도가 사상을 신봉하며 세상에서 벗어나 자아 해방과 자유를 노래하는 것)과 음악을 즐겼다. 특히 청담은 노자와 장자의 철학이 중심을 이루었고 허무주의적인 성격을 띠기도 했다. 정치권력으로부터 멀어지려는 의식이 반영된 탓이다.

　죽림칠현의 대표적인 인물은 완적과 혜강이다. 완적은 마음이 맞는 사람은 청안(靑眼; 보통 눈)으로 바라보고, 싫어하는 사람은 백안(白眼: 노려보는 눈)으로 바라보았다고 한다. 여기서 다른 사람을 업신여기며 냉정히 대한다는 표현인 '백안시(白眼視)'라는 말이 유래했다.

혜강은 위나라 말기 명사로, 문학을 잘하고 그림에도 능했으며 특히 거문고를 좋아했다. 죽림칠현은 나중에 사마씨의 회유책에 의해 해산되었지만, 혜강만큼은 사마씨 세력에 굴복하지 않았다. 결국 사마씨는 혜강에게 죄를 뒤집어씌워 형장으로 끌고 갔다. 혜강은 형장에서 거문고를 빌려 「광릉산」 한 곡조를 연주하고 세상을 떠났다.

청담을 통해 나타난 죽림칠현의 사상과 행동은 정치권력에 대한 저항으로 이해되었다. 정치에 무관심하고 시를 짓고 노래하는 것이 현실에 대한 무언의 저항으로 여겨진 것이다. 사마소가 완적에게 딸을 며느리로 달라고 하자 아무 대답도 하지 않고 60여 일을 술만 마셨다는 이야기도 유명하다.

근대 중국의 문학가 루쉰은 죽림칠현의 기이한 행동을 현실 정치에 맞선 저항이라고 평했다. 죽림칠현의 기성 유교에 대한 비판과 세상에 무관심한 태도는 높은 평가를 받아왔다. 그러나 최근의 평가는 조금 다르다. 상하이 대학의 짜오지엔민 교수는 이렇게 말한다.

"죽림칠현은 실제로는 속된 부분이 많으며 각기 서로 다른 속물스러움을 지닌다. 이들이 남긴 가장 귀중한 유산은 스스로 속됨을 멸시하고 속됨을 깨뜨린 것이다. 정말 슬픈 일은 속됨을 벗어나려는 노력이 실패하자 낙심해 길을 헤매다가 오던 길로 되돌아갈 수밖에 없다는 태도로 속됨과 다시 어울린 것이다."

죽림칠현 일곱 명 가운데 사마씨의 압력으로 선택의 기로에 서자 각자 다른 선택을 한 것에서도 이를 잘 알 수 있다. 죽림칠

- **죽림칠현**
  위나라 말기 사회가 혼란해지자 대나무 숲으로 들어가 정치에 등을 돌린 채 은둔 생활을 했다. 그림은 당나라의 손위가 죽림칠현을 그린 「고일도(高逸圖)」다.

현 가운데 사마씨를 단호하게 거부한 사람은 혜강뿐이지 않았는가.

　죽림칠현을 보면 역사 속 지식인의 역할에 대해 많은 생각을 갖게 한다. 혼란한 현실이 싫어 다양한 방식으로 저항했지만, 또다시 현실을 직시하고 세상과 타협할 수밖에 없었던 지식인들을 어떻게 평가할 수 있을까? 무조건 비난받아야 하는가, 아니면 옹호해줄 여지가 있는가? 각자 자신의 생각을 정리해보자.

구품중정제가 의도치 않은
결과를 낳았다?

구품중정제는 위나라 문제 조비가 기존의 세력가인 호족에게 유리한 관리 등용법을 보완하고자 만들어낸 제도다. 이 제도에 따라 기존의 폐단을 없애기 위해 관리 후보자를 골라 그 자격을 엄격히 심사하려고 했다. 지방에 중정(中正)이라는 관직을 두어 책임지고 관리 후보자를 중앙정부에 추천하게 했다. 중정이 등급을 매겨 추천한 관품에서 4단계 낮은 관품에 임용하는 것이 일반적이었다. 예컨대, 중정이 총 9품 중 2품이라고 추천한 후보자를 중앙정부에서는 4등급 낮은 6품에 임용하는 것이다.

이 법의 본래 취지는 좋았지만, 실상은 도리어 기존 세력가인 호족을 옹호하는 것으로 바뀌고 말았다. 지방의 중정도 호족이었기 때문에 호족의 자제에게는 높은 평가를 내려주었다. 이것은 그 가문의 위치와 자격을 표시하는 기준이 되고 말았다. 평가

기준이 재능이 아닌 문벌이 된 것이다. 그 결과 호족을 비롯한 지배층이 중앙의 고위 관직을 세습하는 '문벌 귀족 사회'가 형성되었다.

> 지금 중정관을 두어 9품을 정하고 있는데, 등급의 높고 낮음이 그의 뜻에 달려 있어, 임금의 권세와 은혜를 제멋대로 가지고 놀며 천자의 권한을 빼앗고 있습니다. ……이런 까닭에 상품(上品)에는 천한 가문이 없으며, 하품(下品)에는 권세 있는 가문이 없다고 합니다.
>
> - 『진서』

다시 말하자면, 구품중정제는 지방에 숨어 있는 인재를 등용하겠다는 원래 취지를 상실하고 오히려 역효과를 일으킨 것이다. 이러한 근본적인 문제점을 해결하기 위해서는 어떠한 방법으로 관리를 선발해야 할까?

오늘날 우리 주변에도 수많은 제도와 법이 만들어지고 있다. 그중 본래의 의도와는 다른 취지로 악용되고 있는 법이 있는지 찾아보자. 있다면 어떤 점이 문제가 되고 있고 그 문제를 해결할 방법은 무엇인지 함께 생각해보자.

서진의 귀족 사마예는 서진이 멸망하자 건업을 건강으로 이름을 바꿔 수도로 정하고 동진을 건국했다. 이로써 중국의 한족은 강남으로 이주해 국가를 유지했고 여기서 살고 있던 지방 호족과 함께 나라의 기반을 다져나갔다. 한족의 국가가 강남 지역에서 계속 이어진 것이다.

당시 중국 북부에는 다섯 이민족(흉노, 선비, 저, 강, 갈)이 대략 16개의 국가를 세웠는데, 이때를 '5호 16국 시대'라고 일컫는다. 이들 이민족은 중국 북부에 자리 잡고 한족과 섞여 살면서 점차 한족화된다. 물론 한족의 문화에도 북방 민족의 문화가 섞인다. 이러한 문화 융합 현상이 앞으로 중국 역사에 어떤 영향을 미치는지 함께 살펴보자.

제3장

동진과 5호 16국 시대

유목 민족의 침입과 동진의 건국

진나라가 남쪽으로 도읍을 옮기고 난 다음 유유가 송나라를 세울 때까지 103년 동안 중국은 또다시 남북 분열의 혼란에 휩싸인다. 서진이 멸망한 뒤, 흉노, 선비, 갈, 강, 저 등 여러 민족이 북부 지역에 무려 16여 개의 나라를 세웠다. 역사에서는 이를 '16국'이라고 부른다. 이 시기는 정권이 빈번하게 바뀌고 나라와 민족 간의 갈등이 첨예해져 사회가 매우 불안했다. 경제는 쇠락해 북부 지역 백성의 생활은 도탄에 빠졌다.

사마예가 동진을 건국하다

팔왕의 난이 한창 진행되고 있던 혜제 때, 황태제인 성도왕 사마영은 동안왕 사마요를 암살했다. 동안왕이 죽임을 당하자 그와 친한 낭야왕 사마예도 신변이 불안했다. 낭야왕은 이때 혜제를 따라 업(鄴)에 있었다. 낭야왕의 측근인 왕도는 계속 낭야왕에게 고향으로 돌아오라고 재촉했다.

낭야왕은 왕도의 제안에 따라 뤄양에 있는 어머니를 모시고 낭야로 돌아갔고 건업에 근거지를 마련했다. 뤄양과 장안이 모두 함락되었다는 소식이 전해지자 낭야왕 사마예는 주변 사람들로부터 황제 자리에 오를 것을 권유받았다. 하지만 사양하고 '진왕(晉王)'이라 칭한다는 조건으로 왕위에 올랐다.

• 사마예
서진 무제 사마염의 조카 사마예는 민제가 포로로 잡히자 건강에서 동진을 개국했다.

그러나 서진의 민제가 죽임을 당했다는 소식이 사마예에게 전해졌다. 사마예는 이제야 황제의 자리에 올랐는데, 그가 바로 동진의 원제(재위: 317~322)다. 이로써 정식으로 동진 왕조가 세워졌다. 그는 연호를 '태흥(太興)'으로 고치고, 건업(建業)의 업(業)자가 민제의 이름인 업(鄴)과 비슷하다고 해서 건강(健康)으로 이름을 바꾸고 수도로 삼았다. 건강은 서진의 수도 뤄양보다 동쪽에 자리 잡고 있었기 때문에 이 나라를 동진(東晉)이라 부른다.

동진의 초대 황제 사마예는 할아버지와 아버지를 포함해 3대에 걸쳐 낭야왕으로 있어서 낭야의 호족들과도 친했다. 낭야에 있던 왕씨 호족들은 동진 정권을 전폭적으로 지원했다. 이렇게 낭야에서 건강으로 이주해 온 왕씨 일족과 이 지방의 토착민, 강남에서 북쪽으로 갔다가 다시 돌아온 사람, 팔왕의 난과 영가의 난 때 북쪽에서 피난 온 사람까지 여러 지역 출신의 사람들이 동진을 세우게 되었다.

왕씨, 사마씨와 함께 천하를 다스리다

사마예가 처음 건강에 왔을 때 남방의 호족은 사마예를 무시했다. 이들은 사마예와 함께 북쪽에서 건너온 사람들을 '창부(傖夫: 교양 없는 사람을 뜻함)'라고 불렀다. 그래서 사마예가 도착한 지한 달이 지나도록 그 지방의 관리나 호족 가운데 찾아와서 인사하는 사람이 아무도 없었다.

당시 강남 지방에서는 매년 3월 3일을 '계절'이라 하여 남녀노소가 냇가에 나와 액을 물리치고 행운을 비는 풍습이 있었다. 307년 계절일을 맞아 사마예는 화려하게 꾸민 수레를 타고 냇가에 나와 사람들의 눈길을 끌었다. 특히 사마예의 뒤에 왕도, 왕돈 등 북쪽에서 온 호족들이 줄을 이어 따르는 모습이 인상적이었다. 이런 광경을 처음 본 강남의 호족들은 비로소 사마예에 대한 인식이 달라졌다. 너도나도 길가에 나와 사마예에게 인사를 올렸다. 그 후 강남의 호족들은 새로운 정권에 적극 협력했다.

사실 이 계절일 행차는 토착민의 지지를 얻기 위해 왕도가 의도적으로 연출한 '쇼'였다. 이 공적을 인정받아 왕도는 원제 사마예를 보좌해 국사를 의논하는 대신에 임명되었다. 왕도의 사촌형 왕돈도 군사를 담당하는 요직에 올랐다.

비로소 원제의 정권은 안정되었고 왕씨 세력도 성장했다. 당시 '왕씨, 마씨(사마씨)와 함께 천하를 다스린다'는 내용의 민요가 불렸다고 한다. 이는 사마씨 정권이 호족 세력의 지지 없이는 성립할 수 없었고, 호족의 정치 세력이 정부와 다툴 만큼 성장했다는 사실을 보여준다.

왕돈이 결국 반란을 일으키다

왕도의 사촌인 왕돈은 서진 무제 사마염의 딸을 아내로 맞이한 명문 가문 출신이었다. 왕돈의 처는 왕돈과 결혼한 뒤에도 궁중에서 하던 대로 화장실 안에 옻칠한 상자를 놓아두고 그 상자에 항상 대추를 넣어놓았다. 화장실의 악취를 맡지 않으려고 대추로 코를 막았던 것이다. 그런데 왕돈은 그 대추를 모르는 척 다 먹어버렸다. 화장실에서 나오자 시녀가 물과 콩가루가 담긴 유리그릇을 받쳐 들고 기다리고 있었다. 손을 씻는 용도였으나 왕돈은 이번에도 모르는 척 콩가루를 물에 타 마셔버렸다. 그는 공주의 지위도 무시할 정도로 막 나가는 성격이었다.

왕돈은 일찍이 양주 자사가 되어 군권을 장악하고 있다가 진동 대장군으로 승진해 군사 도독이 되었다. 이후에도 형주 자사와 강주 자사를 거치게 되는데, 왕돈은 자신의 권력을 내세워 제멋대로 행동했다. 원제 사마예는 왕돈이 두려우면서도 불편해 유외, 조협 등을 심복으로 삼아 왕씨 세력을 견제하려 했다.

태흥 4년(321) 원제는 대연을 정서 장군에 임명해 허페이에 주둔시켰다. 유외는 진북 장군에 임명해 화이인에 주둔시켰다. 명목상으로는 북쪽의 호족을 막기 위한 조치였으나, 실제로는 왕돈을 견제하는 것이었다. 동시에 왕도가 조정으로부터 소외당하고 있다는 소문이 왕돈에게 들렸다.

영창 원년(322) 왕돈은 임금 곁에 있는 간신을 제거한다는 이유로 무창에서 군사를 일으켰다. 원제는 즉시 유외, 조협을 불러 수도를 방위하라고 했지만 이들은 왕돈의 군대에 대패해 도망쳤다. 조협은 중간에 붙잡혀 죽임을 당했다. 유외는 끝까지 달아나 석호의 후조로 망명했다.

왕돈이 군사를 거느리고 수도 건강에 입성해 승상으로서 군대를 통솔했다. 원제는 왕돈의 포악한 행동 탓에 병이 들어 같은 해 11월에 그만 죽고 말았다. 수염이 노란 것으로 유명한 태자 소(紹)가 뒤를 이으니 그가 바로 명제(재위: 323~325)다.

명제는 어릴 때부터 똑똑했다고 한다. 어느 날 장안에서 사자가 왔을 때 원제는 태자 소에게 장안이 가까운지, 태양이 가까운지를 물었다. 그러자 태자는 이렇게 대답했다.

"장안이 가깝다고 생각되옵니다. 사람이 장안에서 왔다는 말은 들었으나 태양에서 왔다는 말은 들어본 적이 없사옵니다."

원제는 태자의 대답을 듣고 기특하게 생각했다.

어느 날 원제가 신하들과 담소를 나누고 있을 때 태자 이야기가 나오자 자랑스럽게 전과 똑같은 질문을 태자에게 던졌다. 그러자 이번엔 태양이 가깝다고 대답했다. 원제가 그 이유를 묻자 태자는 다음과 같이 말했다.

"머리를 들면 태양은 보이지만 장안은 보이지 않습니다."

이때 왕돈은 석두성에 있었다. 그는 태자 소의 현명함을 두려워해 '불효'라는 죄를 가짜로 만들어 태자를 폐위시킬 궁리를 하고 있었다. 왕돈은 신하들이 모인 자리에서 물었다.

"태자는 무슨 덕이 있기에 사람들로부터 칭찬을 받는가?"

그러자 군신들이 대답했다.

"황태자는 사람들이 미처 생각하지 못하고 보지 못하는 일까지 알고 있으며 아버지에게 효심이 두텁기에 칭찬을 받고 있습니다."

이 말을 들은 왕돈은 할 수 없이 자신의 계획을 포기했다고 한다.

왕돈은 황제 자리를 빼앗을 계획으로 그의 군대를 옮기고 스스로 양주목이 되었다. 명제는 왕도를 사도로 임명하여 대도독의 직책을 겸임시켰다. 그러면서 군대를 통솔해 왕돈을 토벌하도록 했다. 그러나 반란군을 일으킨 왕돈은 이미 병들어 있었다. 그는 곽박에게 이번 거사의 길흉을 점치게 했다. 점을 친 곽박은 "거사를 일으킨다면 머지않아 그 화가 미칠 것입니다"라고 답했다. 왕돈은 크게 화를 내며 "너는 몇 살까지 살 수 있겠는가?"라고 묻자 곽박은 "오늘을 넘기지 못할 것입니다"라고 대답했다.

왕돈은 그 자리에서 곽박의 목을 베었다고 한다.

명제는 직접 왕돈의 진영을 정찰했다. 밤중에 강을 건너 왕돈의 형 왕함의 군대를 습격해 대승을 거두었다. 왕돈은 형의 패전 소식을 듣고 "형은 쓸모없는 사람이었다. 벌써 우리 집의 기운이 다했는가"라고 말했다. 그러고는 병석에서 일어나려 했으나 이미 기력이 다해 넘어지면서 숨을 거두었다.

왕돈의 잔당은 모두 진압되었다. 중신들은 왕도를 포함해 왕씨 일가를 처벌해야 한다고 주장했지만, 명제는 "사도 왕도는 대의를 위해 친족을 죽인 충신이므로 앞으로 10대에 걸쳐 그 죄를 용서해야 할 것이다"라고 말하며 왕도의 죄를 묻지 않았다. 덕분에 왕도는 이후에도 계속 동진의 정치를 담당할 수 있었다.

번영과 교류의 산물, 둔황석굴

실크로드의 중요한 관문인 둔황은 서역과 교역을 하면서 번영을 누린 오아시스 도시였다. 번영의 산물 가운데 하나가 세계 최대의 석굴 사원인 막고굴이다. 막고굴은 둔황 시가지에서 남동쪽으로 25킬로미터 떨어진 명사산 기슭에 있다. 산비탈 암벽에 1,000여 개의 석굴이 뚫려 있어 마치 거대한 벌집처럼 보인다.

동진 시대인 영화 9년(353)에 둔황석굴 중 막고굴의 공사가 시

- **둔황석굴**

  둔황석굴 가운데 막고굴 입구 전경의 모습이다. 석굴 안에는 벽화와 조각상이 남아 있다.

- **둔황석굴 벽화**

  당의 승려인 현장이 부처를 위해 의식을 행하는 모습으로 추정되는 벽화다. 섬세한 인물 표현과 신비한 분위기 묘사가 탁월하다.

작되었다. 둔황석굴은 막고굴, 서천불동, 유림굴, 수협구, 소천불동 이렇게 네 개의 굴로 구성되어 있어 규모가 어마어마하다. 그중 막고굴이 가장 유명하다. 공사 규모도 제일 크고 예술적 성취도 가장 높다고 평가받는다.

천불동이라고도 불리는 막고굴은 지금의 간쑤성 둔황시에서 동남쪽으로 25킬로미터 떨어진 다사산과 싼웨이산 사이의 다취안거우 서쪽 기슭에 2킬로미터 정도 길게 이어진 암벽 위에 자리하고 있다. 동진 시대에 석굴을 파기 시작해 북위, 서위, 수, 당, 5대 10국, 송, 원을 거치며 증축되었고, 현존하는 동굴은 모두 550여 개에 이른다. 막고굴은 위에서 아래로 층을 나누어 팠는데 4층에 달하는 동굴이 가장 많다. 절벽의 재질이 부서지기 쉬워 조각하는 데 어려움이 많았다. 그래서 석굴 안에 대형 벽화와 조각상 등을 만들어두었다.

현존하는 동굴 가운데 469개의 정교하고 세밀한 벽화와 조각상이 남아 있다. 조각상은 2,000여 기를 보존하고 있고, 벽화는 5만 개 이상에 달한다. 벽화에는 주로 불교와 관련된 신화 이야기가 그려져 있는데 내용이 다채롭다는 평가를 받는다. 특히 의복의 주름, 무늬와 장식, 근육, 표정 등 세밀한 묘사가 최고의 경지에 이르렀다고 한다.

막고굴은 실크로드를 통해 전래된 불교가 둔황에서 꽃피운 결과물이다. 1,000여 년 동안 이어진 수많은 승려, 화가, 석공, 도공의 노력 덕분에 그 가치가 한층 높아졌다.

금방 왔다 가는 5호 16국

4세기 초 서진이 멸망할 무렵 중국 북부와 서부에 근거지를 두고 있던 흉노, 선비, 저, 강, 갈 등 이른바 '5호'가 서로 세력을 다투었다. 이들은 중원에서 정권을 수립해 양쯔강 상류와 황허강 유역에 약 16개의 정권을 세웠는데, 이를 '5호 16국'이라 부른다. 이는 최홍이 지은 『십육국춘추(十六國春秋)』에서 이름을 딴 것으로 정확히 16개국은 아니다.

최초로 성립한 나라는 앞에서 나온 흉노의 한국(漢國)이다. 한국의 창시자 유연은 흉노의 추장으로 용맹을 떨친 묵특 선우의 자손이다. 유연의 아들 유총이 서진을 멸망시켰지만, 유총이 죽은 뒤 내분이 일어나 흉노족의 한국은 유요의 전조와 석륵의 후조로 분열되었다.

석륵이 후조를 세우고 황제에 오르다

후조는 전조의 군사를 크게 물리쳤는데, 그 후에도 유요와 석륵은 싸움을 계속했다. 유요가 후조의 금용성을 공격하자 석륵은 직접 나서서 방어했다. 이때 유요는 술에 취해 도망치다가 말에서 떨어져 석륵에게 붙잡혔다. 이에 석륵이 유요를 죽임으로써 전조는 37년 만인 329년에 멸망했다.

330년 2월, 후조의 신하들이 석륵에게 황제의 자리에 오를 것을 청했다. 이에 석륵은 스스로 대조천왕을 칭하고 황제로서 정사를 보기 시작했다. 후조는 갈족인 석륵이 세운 나라였기에 '석조'라고도 불린다. 같은 해 9월, 석륵(재위: 319~333)은 정식으로 황제를 칭하고 연호를 건평이라 했다. 그리고 석홍을 황태자로 삼고 문무 대신에게 차등을 두어 상을 내렸다.

석륵은 글은 몰랐으나 정치를 잘한 군주로 평가받는다. 구품중정제에 따라 관리를 등용했으며, 특히 '군자영'이라는 진영을 따로 만들어 한족 출신의 학자를 모아 정치와 관련한 조언을 받았다고 한다. 백성의 소송을 해결하는 방법도 흉노족 백성은 흉노족이 다스리고 한족 백성은 한족이 다스리는 방법을 취했다. 한족이 흉노를 오랑캐라 부르는 것을 금하고 흉노가 한족을 업신여기는 일이 없도록 하며 민족 융합에도 신경 썼다.

석륵이 재위 15년 만에 죽고 태자 석홍이 즉위했다. 하지만 석홍은 곧바로 석호에게 지위를 빼앗기고 살해된다. 석호는 5호 16국 시대의 이름난 폭군이었다. 아름다운 궁녀의 목을 잘라 접시에 올려놓거나 양고기 같은 다른 고기와 섞어서 먹는 등 잔인한 행동을 많이 했다. 게다가 음란하고 여색을 밝혀 민간에서 젊은 여성 3만여 명을 징발해 궁녀로 삼기도 하고 귀족에게 시종으로 주기도 했다. 지방 관리들도 석호의 비위를 맞추려고 이미 결혼했지만 미모가 뛰어난 여성 9,000여 명을 억지로 징발했다. 그 탓에 많은 사람이 스스로 목숨을 끊었다.

석호의 폭정으로 후조가 멸망하다

석호는 그의 아들 가운데 석도를 가장 아꼈다. 그런데 후계자 문제를 두고 자식들 사이에 분쟁이 일어나면서 석선이 석도를 살해하는 사건이 발생했다. 그러자 석호는 아들 석선의 손과 발을 자르고 불에 태워 죽였고 그의 아내와 자식들 9명도 모두 죽여버렸다.

석호는 칭저우를 함락시킨 뒤 주민을 전멸시키라는 명령을 내렸다. 이때 칭저우 자사는 석륵이 직접 임명한 사람이었다. 그는 "저를 자사로 임명한 것은 백성을 다스리기 위함이었는데 이제 모든 백성을 죽이라 하니 저는 자사의 소임을 감당할 수 없습니다"라고 항의했다. 이렇게 해서 겨우 700명의 목숨을 살렸다.

석호는 동진을 공격하기 위해 징병제를 시행했다. 병사 다섯 명을 한 조로 하고 각 조에서 수레 한 대와 소 두 마리를 공출하도록 했다. 또 1인당 쌀 열다섯 말, 비단 열 필씩 공출을 명했다. 이를 감당하지 못한 사람은 즉시 목을 베는 탓에 백성들은 죽음을 피하기 위해 자식까지도 팔았다.

결국 석호의 폭정에 반란이 일어났고, 후조는 석호가 들인 한인 양자의 아들 염민에 의해 무너지고 말았다.

후조의 30년간의 통치는 민심을 악화시키는 바람에 갈족의 인심도 염민에게서 멀리 떠나 있었다. 이런 사실을 알고 있던 염민은 업성의 성문을 열고 나와 함께할 자는 성에 남고 반대하는 사람은 좋은 곳으로 떠나라고 말했다. 그러자 갈족은 업성을 떠나기에 바빴고, 그 주변의 한족은 앞다투어 업성으로 들어왔다.

염민은 포로로 잡힌 갈족을 남녀노소 가리지 않고 모두 죽였다. 염민의 이민족 말살 정책은 자신의 통치력을 약화시키고 민족 간의 감정도 악화시켰다. 염민은 결국 선비족 모용씨의 포로가 되어 3년 만에 망했다. 이후 모용씨는 전연(前燕)이라는 나라를 세웠고 염민의 위나라를 멸망시켰다. 얼마 지나서 전연도 저족의 전진에 의해 멸망했다.

03

부견이 세운 나라, 전진

전진은 저족의 부씨(符氏)가 세운 나라로 '부진'이라고도 부른다. 전진 왕 부견(符堅, 재위: 357~385)은 저족 출신이었지만, 석호나 염민이 시행한 이민족 말살 정책은 취하지 않았다. 그는 정사를 돌보는 데 온 힘을 다했다. 유학을 숭상하고, 백성의 세금을 줄이고, 장안성 안에 내빈관을 지어 멀리서 오는 손님을 대접했다. 이로써 관중 지역의 경제가 회복되기 시작하고 전진 정권도 탄탄하게 자리를 잡아갔다.

전진의 제갈공명, 왕맹

부견은 선비, 강, 갈, 흉노 등 여러 민족의 지도자를 중용하는 한편, 한족 출신의 정치가나 장군까지도 등용했다. 특히 한족 출신인 왕맹을 중용해 제갈공명과 같이 우대했다.

왕맹은 학문에 통달하고 병서를 즐겨 읽어 정치가와 군사가로서 재능을 갖추고 있었다. 덕분에 부견의 고문으로 활동했다. 왕맹이 고문으로서 가장 먼저 한 일은 부패한 관리를 척결하는 것이었다. 왕맹은 저족 호족들의 횡포를 막아 민족 간의 화합을 도모했다.

지금까지 저족 호족들은 각종 특권을 누리며 폐단을 일삼고 있었지만 아무도 저지하지 못했다. 그러나 왕맹은 20여 명의 포악한 호족을 처형하는 과감한 정책을 펼쳤다. 횡포한 호족은 왕맹의 조치에 두려움을 느꼈다. 부견은 왕맹의 조치를 높이 평가해 이제야 국가의 법질서가 바로 서고 천자의 존엄성이 유지되었다고 칭찬했다.

그 후 왕맹은 정치 개혁, 군사 개혁, 교육 진흥, 농업 시설 확충 등을 통해 부국강병에 힘썼다. 왕맹의 뛰어난 재능과 노력으로 전진은 강대국이 되었고 중국 북부의 대부분을 차지하게 되었다. 더불어 숙신, 우전, 대왕, 강거, 천축 등 62개 소국이 전진에 사자를 보내 공물을 바치고 우호 관계를 맺었다. 따라서 전진과 대치하는 나라는 이제 동진 하나밖에 없었다.

부견, 아끼던 왕맹을 잃다

375년 승상 왕맹이 갑자기 저세상으로 떠났다. 극심한 피로에 병까지 겹친 탓이었다. 부견은 애통해하며 울었다고 한다.

"하늘은 내가 천하 통일의 대업을 이루기를 원치 않나보다. 어째서 이리도 빨리 왕맹을 앗아간단 말인가!"

왕맹은 임종에 앞서 부견에게 다음과 같은 유언을 남겼다.

"동진이 양쯔강 남쪽에 있으나 촉한 이래 정통의 황제 자리를 승계하고 있으며 군신 상하가 질서를 존중하고 화목하게 지냅니다. 신이 죽은 뒤 동진을 토벌할 생각은 하지 말고, 그보다 선비족과 강족이 우리나라의 숙적입니다. 이들이 우리의 근심이 될 것이니 차차 제거하여 나라의 기반을 마련하소서."

그러나 얼마 후 전진 왕 부견은 동진을 토벌하고자 하는 욕심이 생겼다. 당시 전진의 전력이 동진보다 우세했다. 결국 382년 부견은 회의를 열어 97만의 병력을 이끌고 동진으로 출병하려 한다는 의견을 발표했다. 그러나 많은 신하들이 "비록 동진의 군대는 적지만 군신이 화목하여 백성들의 지지를 받고 있습니다.

토벌하지 말아야 한다고 생각합니다"라며 반대했다. 황태자 부굉도 반대 의견을 제시했다. 하지만 부견은 이를 모두 무시하고 동진 공격을 밀어붙였다.

전진 왕 부견이 여러 반대 의견에 맞서고 있을 때 모용수라는 사람이 등장했다. 모용수는 선비족인 전연 사람이었는데, 전연 정부에서 그를 제거하려 해 부견에게 피신해 있었다. 이날 모용수는 강자가 약자를 포섭하는 것은 당연한 일이니 절호의 기회를 두고 반드시 동진을 토벌해야 한다고 주장했다. 그러면서 부견에게 왕의 결단이 중요할 뿐 신하들의 의견만 듣다가는 아무것도 할 수 없다며 결단을 내리기를 촉구했다. 그러자 부견은 천하를 도모할 사람은 오로지 모용수밖에 없다며 상까지 내렸다고 한다.

04

전진과 동진의 맞대결

383년 전진 왕 부견은 마침내 동진 토벌의 명을 내렸다. 부견은 주력 부대인 보병 60만 명, 기병 27만 명을 거느리고 장안에서 출발했고, 동생 부융에게 선발대 30만 명을 배속시켜 영구(潁口: 지금의 안후이성 인근)까지 진출했다.

100만의 전진 군대가 공격해온다는 소식을 들은 동진은 불안에 떨고 있었다. 동진의 재상 사안은 고민 끝에 전국에 동원령을 내렸다. 그의 동생 사석을 토벌 대장군, 그의 조카 사현을 선봉장에 임명하고 그의 아들 사담까지 참전시켜 8만 군사가 전진을 맞아 싸울 준비를 했다.

비수에서 전진과 동진이 맞붙다

동진은 병력은 열세했지만 100만 대군이 공격해오는 상황에서 백성이 일치단결해 싸우겠다는 의지가 높았다. 전진의 군대와 동진의 군대는 비수(肥水: 지금의 안후이성 화이허강 인근)를 사이에 두고 일대 결전을 벌였다. 10월에 전진 군대의 선봉 부대는 서우양을 공격해 승리했다. 동진 군대의 일부는 협석(硤石: 안후이성 수현 서북 인근)까지 올라가 "적군의 사기가 매우 높음, 아군의 군량이 떨어져 본대와 합류하기 어려움"이라고 적은 「보고문」을 본대에 보냈다. 그런데 중간에 이 「보고문」이 전진 군대의 수중에 들어가고 말았다.

전진의 선봉장 부융은 이 「보고문」의 내용을 부견에게 알렸다. 부견은 즉시 8,000명의 기병을 거느리고 달려와 부융과 회담했다. 그러고는 주서라는 사람을 동진 군대의 진영에 파견해 항복을 권하도록 했다.

주서는 원래 동진의 장군으로 전진과 벌인 싸움에서 패한 뒤 포로가 되어 부견 밑에서 관리로 일해왔다. 부견 아래 있었지만 마음은 언제나 고국에 속해 있었다. 사자가 되어 동진 군대의 진영에 이른 주서는 오히려 이들에게 비밀 계책을 몰래 말해주었다.

• 전진과 동진의 영역
비수대전에서 전진이 동진에 패배하면서 멸망했지만, 동진은 중국 전체를 통일하지는 못했다.

　　“전진의 군사 100만 명은 아직 집결되지 않은 상태입니다. 100만 대군이 완전히 집결한다면 격파하기 어려우니, 지금 이 기회를 놓치지 말고 전진의 선봉 부대를 격파해 사기를 꺾는다면 전진의 군대를 무너뜨릴 수 있을 것입니다.”

그러면서 주서 본인도 전진 군대의 내부에서 동진의 군대에 호응해 싸우겠다고 약속했다.

11월 동진의 군대가 뤄허강에 주둔하고 있는 전진의 군대를 공격하자 5만 명이 크게 패해 앞다투어 강을 건너다가 1만 5,000명의 군사가 물에 빠져 죽었다. 동진의 군대가 완벽하게 승리한 것이다.

동진의 군대는 수양에서 멀리 보이는 비수의 동쪽 언덕까지 차지하고 있었다. 이 보고를 받은 부견은 동생 부융과 함께 수양성에 올라가 동진의 진지를 바라보았다. 동진 군대의 배치가 완벽해 한 치의 틈도 없고 군기도 엄숙했다. 이를 본 부견은 쉽지 않은 싸움이 될 것이라고 예상했다.

며칠 후 전진 군대의 선봉은 동진 군대의 선봉으로부터 싸움이 길어지기 전에 속전속결로 끝내자는 도전장을 받았다. 그러면서 동진의 군대는 전진의 군대가 조금 후퇴해주면, 동진의 군대가 강을 건넌 뒤 싸움을 벌여 승패를 결정짓자고 제안했다.

전진의 장군들은 후퇴해서는 안 된다고 했다. 그러나 부견은 동진의 도전장을 받아들였다. 전진의 군대가 후퇴하기 시작하자 전진의 병사들은 자기들이 패배하고 있다고 생각해 앞다투어 도망치기 시작했다. 동진의 군대는 이를 노려 전진의 군대를 추격

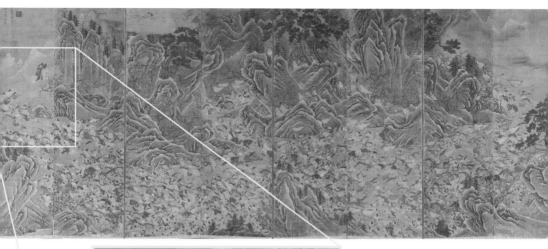

- **비수대전**

비수대전에서 동진의 사현이 전진의 100만 대군을 무찌르는 모습을 여덟 폭의 병풍에 그린 「사현파진도(謝玄破秦圖)」다. 왼쪽 윗부분에 말을 타고 도망가는 부견(붉은 옷)의 모습이 보인다. 이 작품은 우리나라의 국립중앙박물관에 소장되어 있다.

했다. 사실 부견은 역포위 작전으로 동진의 군대가 비수를 반쯤 건너기를 기다렸다가 방향을 바꾸어 섬멸할 계획이었다. 그러나 동진의 군대가 계속 추격해오자 방향을 돌릴 틈도 없이 그대로 도망치기 바빴다.

부견은 예상치 못한 사태에 당황했다. 역포위 작전은 군대의 기밀이었기에 일반 병사들은 알지 못했고 명령에 따라 그저 후퇴했을 뿐이다. 동진의 군대가 강 중간쯤 이르렀을 때 다시 공격하라는 명령이 내려졌어야 하는데 그러기 전에 "우리는 패배했다"는 고함 소리가 전진 군대를 뒤흔들었다. 동진의 군대에 협력하겠다던 주서가 그의 심복들과 약속하고 후퇴하는 군사들 속에서 고함을 질렀던 것이다.

결국 부융은 싸움 중에 죽었고, 부견도 화살에 맞고 상처를 입었으나 겨우 목숨은 부지했다. 100만 명의 대군을 거느리고 출전한 부견은 겨우 10만 명의 군사와 함께 되돌아왔다. 비수대전이 끝나고 마침내 전진과 동진의 국경선이 확정되었다.

전진, 전쟁의 참패로 멸망하다

비수에서 패한 부견은 모용수의 힘을 빌려 10만 명의 패잔병을 모아 일단 뤄양으로 들어갔다. 그리고 다시 장안으로 이동했다. 모용수는 부견을 따라 장안으로 가던 중 합곡관을 바로 앞둔 곳에 이르렀다. 이때 북방 여러 민족이 동요하고 있으니 이들의 민심을 가라앉히겠다고 말했다. 부견의 측근들은 모용수를 보내서는 안 된다고 만류했지만 부견은 충고를 듣지 않고 모용수를 보냈다. 결국 모두의 예상대로 모용수는 돌아오지 않았다. 그는 이 기회를 틈 타 군사를 모아 다시 '연'을 세우고 수도를 중산으로 정했다. 이를 '후연(後燕)'이라 한다.

민족의 융합을 바랐던 부견은 저족을 동쪽으로 이주시키고 동쪽에 있던 선비족을 서쪽으로 이주시켰다. 이 때문에 수도 장안 주변에는 저족보다 선비족의 수가 많았다. 결국 패전 후 장안으로 돌아온 부견은 선비족 모용씨의 배신으로 장안을 빼앗기고 말았다.

그러나 모용충 주변의 선비족은 동쪽에서 강제로 이주해온 사람들이어서 고향으로 돌아가려 했다. 모용충도 이들의 의사를 받아들여 장안을 떠나 동쪽으로 돌아갔다. 이 정권을 '서연(西燕)'이라 부른다. 고향으로 돌아온 이들 앞에는 모용수가 세운 후연이 기다리고 있었고 모용충의 서연은 후연에 의해 소멸되었다.

장안에서 쫓겨난 부견은 오장산(五將山)에 있었다. 이때 강족의 요장이 오장산을 포위해 부견을 생포했다. 요장은 옥새를 내놓

- **5호 16국**

화베이의 한족은 흉노의 지배를 피해 강남으로 내려가 동진을 세웠다. 화베이 지역에는 5호가 16국(서량, 북량, 남량, 전량, 후량, 서진, 하, 전조, 전진, 후진, 성한, 북연, 후연, 후조, 전연, 남연 등)을 세워 동진과 힘을 겨루었다.

으라고 협박했지만 부견은 거절했다. 요장은 다시 윤위를 보내

황제 자리를 물려주도록 설득했으나 부견은 다시 거절했다. 설

득의 임무를 부여받은 윤위는 논리 정연한 말로 부견을 설득했다. 부견도 "경과 같은 인물을 알아보지 못한 내가 망하는 것이 당연하다"며 탄식했다고 한다.

그 후 요장은 부견이 유폐되어 있는 절에 사람을 보내 부견을 죽이고 말았다. 부견은 죽기 전에 사랑하는 두 딸 보(寶)와 금(錦)을 죽이고 사랑하던 아내 장 부인과 태자 선을 자살하게 만들었다. 부견이 죽을 때 나이는 48세였다. 요장은 인망 높은 부견의 후계자가 되었다는 의미로 부견에게 '장렬천왕'이라는 시호를 내리고 자신의 나라 이름도 '진'이라 했다. 부견의 전진과 구분하기 위해 '후진(後秦)'이라 부른다.

모용수의 후연과 요장의 후진은 강대국으로 부상했다. 이 밖에도 서진, 후량, 남량, 서량, 하 등 여러 나라가 세워졌다. 나중에 후연은 남연과 북연으로 나뉘었다. 통일되었던 전진은 비수대전을 치르고 다시 10개국으로 분열되었다. 이렇게 10개국에 비수대전이 있기 전 내란으로 세워졌다 멸망한 성, 한, 전량, 후조, 전연, 전진을 합치면 16개국이 된다.

비수대전 후 10개국이 할거하던 중국 북부는 선비족 탁발씨가 세운 북위(北魏)에 의해 통일되었다. 북위가 북조 시대를 열면서, 130년간 지속된 5호 16국 시대는 마무리된다.

전진에 이은 동진의 몰락

비수대전에서 승리한 동진의 군대는 전진의 군대를 추격해 중국 전체를 통일하려 하지 않았다. 오히려 동진은 숨겨져 있던 내부의 갈등이 표면화되면서 몰락의 길을 걷게 되었다.

비수대전이 끝나고 2년 후 재상 사안이 죽고 효무제(재위: 372~396)의 동생 사마도자가 정권을 장악했다. 당시 북쪽에서는 선비족의 탁발규가 이웃의 여러 민족을 물리치고 세력을 확장하고 있었으나, 효무제는 유흥에 빠져 정치는 나 몰라라 했다.

효무제는 불교를 신봉해 사원 건립에 막대한 돈을 허비했고 승려를 가까이했다. 이 때문에 동진의 조정은 아첨하는 승려들이 생겨나면서 점점 문란해지고 뇌물이 공공연해졌다.

효무제에게는 장귀인이라는 후궁이 있었다. 효무제는 농담 삼아 "네 나이도 서른이 되었구나. 이제는 더 젊고 예쁜 여인을 찾아야겠다"고 하자, 이 말을 들은 장귀인은 무제를 이불로 뒤집어씌워 질식사시켰다.

동진, 숨어 있던 내부 갈등이 드러나다

효무제의 장남 사마덕종이 즉위하니 그가 바로 안제(재위: 396~418)다. 이때 안제의 나이 열다섯이었다. 그는 말도 제대로 못 하고 덥고 추운 것도 모르는 바보였다. 그 탓에 안제의 동생 사마덕문이 안제의 옆에서 모든 것을 시중들어야 했다. 사마덕문은 나이가 어리고 공손해 오직 형의 시중들기에 전념할 뿐 정치적 야망 따위는 없었다. 모든 정치는 황숙인 사마도자가 주도하고 있었다.

당시 비수대전에서 승리를 거둔 핵심인 북부군의 실세는 연주자사 왕공이었다. 왕공은 국가의 기강을 새롭게 해야겠다고 생각해 북부군을 동원해 정치 개혁을 강요했다. 하지만 비수대전에서 큰 공을 세운 북부군 소속 유뢰지는 왕공의 태도를 좋게 보지 않았다. 유뢰지는 왕공에게 불만을 품었지만 왕공은 그를 무시해버렸다.

조정의 정권을 잡고 있는 황숙 사마도자는 왕공이 군사를 움직이자 모든 일을 그의 아들 사마원현에게 위임했다. 북부군의 실정을 잘 알고 있던 사마원현은 북부군의 장관을 지낸 적 있는 여강태수 고소를 비밀리에 유뢰지에게 파견했다. 그러고는 왕공을 배반하면 왕공이 가지고 있는 모든 직권을 유뢰지에게 준다고 설득했다.

결국 유뢰지는 고소의 설득에 넘어갔다. 왕공은 유뢰지의 아들 유경선의 공격을 받아 도망쳤으나, 결국 포로가 되어 수도 건강으로 압송되어 참수당했다. 이렇게 해서 유뢰지는 북부군의 군단장이 되었다.

왕공의 모반이 실패한 다음 해인 399년 이번에는 손은이 난을 일으켰다. 이때 동진 정권의 실권자는 사마원현이었다. 그는 능력은 있었지만 너무 가혹한데다 과감한 행동파였다. 손은이 반란을 일으키자 사마원현은 동방 연안 지방의 소작인들을 군대에 복무시키려고 했다. 그러나 이것은 오히려 소작인들을 모두 손은의 반란군에 가담시키는 결과를 가져왔다. 상황이 유리해진 손은은 군사를 일으킨 지 열흘 만에 수십만의 군사를 거느리게 되었다.

손은은 회계의 군대를 습격했다. 회계 내사 왕응지는 글씨로 유명한 왕희지의 아들이었다. 그는 손은의 군대가 공격하자 급히 군사를 출동시켰다. 하지만 이미 때가 늦어 패하고 말았다. 왕응지와 그의 처자식 모두 생포되어 죽음을 당했다.

동진의 실권자 사마원현은 손은의 반란군 토벌에 북부군을 출동시켰다. 동진의 북부군은 양쯔강을 따라 내려가 손은의 반란군을 대파했고 이들을 해상으로 쫓아버렸다. 이 싸움에서 북부군이 손은의 반란군을 격파했지만, 반란군이 수도 근처에 왔다는 소식을 들은 서부군도 군사를 동원해 형주에서 양쯔강을 따라 내려갈 준비를 했다. 이때 서부군의 총수는 환현이었다.

동진의 조정은 사이비 승려들의 출입으로 기강이 문란해졌고, 수도 건강은 퇴폐적인 분위기가 짙었다. 이 때문에 실망한 사람들이 서부군의 중심지로 이주해오고 있었다.

서부군의 총수 환현이 제일 걱정거리로 여긴 인물은 실권자인 사마원현이었다. 사마원현은 환현이 수도 방위를 위해 서부군을 동원해 양쯔강을 따라 내려오고 있다는 소식을 듣고 긴장했다. 하지만 다행히 손은의 반란군이 북부군에 격퇴되어 서부군은 다시 무창으로 돌아갈 수 있었다.

손은의 반란군을 물리치고 환현의 서부군이 돌아가자 사마원현은 그제야 안도의 한숨을 내쉬었다. 그렇지만 환현이 살아 있는 한 마음을 놓을 수 없는 노릇이었다. 사마원현은 환현을 없애 근심의 싹을 자르려 했다. 북부군만 이용한다면 문제없으리라 생각한 것이다.

원흥 원년(401), 환현을 토벌하라는 「조서」가 내려지고 사마원현은 정토 대도독에, 북부군의 총수 유뢰지는 선봉 도독에 임명되었다. 이 소식이 전해지자 환현도 서부군을 동원해 양쯔강을 통해 내려왔다. 이로써 양쯔강을 사이에 두고 북부군과 서부군이 대치하는 상황이 벌어졌다.

왕위를 찬탈한 환현

유뢰지가 지휘하는 북부군이 움직이지 않으면 사마원현은 아무런 힘을 발휘할 수 없었다. 이를 잘 알고 있던 환현은 유뢰지의 친척을 유뢰지에게 보내 협조하도록 설득했다. 결국 유뢰지는 환현과 손을 잡기로 약속했다. 환현은 저항할 힘이 없는 수도에 들어가 사마도자, 사마원현 부자 세력을 숙청하고 정권을 장악했다. 이후 환현은 유뢰지를 회계 내사에 임명해 군대로부터 떼어놓았다.

상황을 지켜보던 유뢰지는 부하와 동지를 모아놓고 환현을 토벌할 계획을 세웠다. 그 자리에서 유습은 세 번이나 배반한다면 무슨 면목으로 자립하겠느냐며 달아나버렸다. 그러자 다른 부하들도 유뢰지의 곁을 떠나 달아났다. 앞에서 본 것처럼 왕공, 사마원현 두 사람을 배반하고 또 환현을 배반하려 하니 측근들도 동조할 수 없었던 것이다. 자신의 세력이 모두 떠나자 결국 유뢰지는 북쪽으로 도망가다가 자살하고 말았다. 환현은 그의 관을 열어 시체의 머리를 베어 저잣거리에 매달았다.

이후 환현은 북부군의 고급 참모들을 거의 다 숙청했고 중급 장교 이하만 겨우 살아남아 각지로 흩어졌다. 앞서 손은의 반란 때 큰 공을 세웠던 유유도 숙청을 피한 사람 가운데 하나였다.

환현은 북부군의 총수에 그의 사촌 환수를 임명했다. 그는 북부군의 핵심 인물을 숙청하고 야전 부대장을 분산시키면 북부군의 문제가 해결된다고 생각했다. 하지만 오판이었다. 환현의 처사는 오히려 북부군 장병들의 불만을 낳았고 환현에 대한 반감은 커져만 갔다.

환현은 태위, 상국이라는 직위를 거쳐 초왕(楚王)의 자리에 올랐다. 이는 선양을 빙자해 황제의 자리에 오르기 위한 준비 과정이었다. 403년에 환현은 마침내 안제를 폐하고 황제가 되었다(재위: 403~404). 나라 이름은 '초', 연호는 '영시'로 정했다. 환현은 조정을 장악한 뒤 간신을 내쫓고 현명한 신하들을 등용했다. 그러나 황제가 된 뒤에는 곧 사치를 부리고 제멋대로 굴었다. 아침에 내놓은 정책을 저녁에 바꾸는 일이 비일비재해 신뢰를 잃었다.

다음 해인 404년에 유유는 환현 토벌군을 일으켜 북부군 총수로 임명된 환수를 제거했다. 그리고 수도 건강을 향해 진격했다. 환현은 급히 도망쳤으나 유유에게 추격당해 죽임을 당했고, 유폐되었던 안제가 다시 돌아와 복위했다. 그러나 동진은 환현에게 멸망한 것과 다름없었다. 복위한 뒤에 사실상 안제에게는 아무런 실권이 없었다. 얼마 후 유유는 안제를 시해하고 그 뒤를 이은 동진의 마지막 황제인 공제(재위: 419~420)를 협박해 황제 자리를 물려받고 송(宋)을 세웠다. 이로써 남조가 시작되었다.

결국 비수대전 이후 중국은 크게 남과 북으로 나뉘었다. 즉, 남조와 북조로 나뉘어 대치하는 상황으로 흘러가게 되었다.

06

난세에 꽃피운 천재 예술가들

천하에 큰 획을 그은 왕희지

왕희지는 본적이 낭야인 회계 사람인데 강남으로 이주해 와 살았다. 그는 독특한 서법을 연구해 서예 역사에 큰 획을 남겨 '서성(書聖)'이라 불린다. 일곱 살 때 서예를 배우고 열두 살 때부터 옛 서예가들의 필체 이론을 통독하기 시작했다고 한다. 왕희지는 연못가에서 자주 글씨를 쓰고 연못의 물로 벼루를 씻었다. 얼마 후 연못의 물이 온통 검게 흐려져, 그 연못을 '묵지(墨池)'라고 부르게 되었다.

왕희지는 오랜 노력 끝에 서예의 도를 터득해 서예 세계의 정상에 올랐다. 조정의 모든 사람이 왕희지의 글씨를 '묵보(墨寶)'라 하며 소중히 여겼다.

왕희지의 글씨와 관련해 전해지는 유명한 이야기가 있다. 어느 날 왕희지가 부채를 파는 노인을 만났다. 대나무로 만든 부채가 너무 허술했기 때문에 사는 사람이 없었다. 왕희지는 그 부채에 각각 '六(여섯 육)' 자를 써넣었다. 그러자 노파는 부채를 망쳐놓았다고 불평했다. 이에 왕희지는 노파에게 "이 부채에 왕희지의 친필이 쓰였기에 100전 이하로는 절대 팔지 않겠다고 하십시오"라고 말했다. 100전은 부채 시가의 몇 배에 해당하는 거액이었으나 왕희지의 친필이 담긴 부채라는 사실이 알려지자 순식간에 다 팔렸다.

어떤 도사는 왕희지의 글씨를 좋아해 그의 글씨를 구하고 싶었으나 구하기가 어려웠다. 왕희지가 흰 거위를 아주 좋아한다는 소문을 듣고 우선 흰 거위 한 쌍을 기르기 시작했다. 거위는 색깔이 희고 살집도 좋았다. 이 소문을 들은 왕희지는 배를 타고 도사의 집을 찾아가 그 거위를 흥정했다. 도사는 "이 거위를 팔 생각은 없습니다. 선물로 드리겠습니다. 대신에 『도덕경(道德經)』을 베껴주셨으면 합니다"라고 말했다.

거위를 좋아했던 왕희지는 흔쾌히 승낙하고 즉석에서 『도덕

경』을 베껴주고 거위를 얻어 돌아왔다고 한다. 이때부터 왕희지
의 글씨는 '거위와 바꾼 글씨'라는 이야기가 생겼다.

　왕희지의 글씨는 많이 남아 전해졌는데, 그중 가장 유명한 것
이 『난정서(蘭亭序)』다. 난정은 회계 산음에 있는 유서 깊은 명소
로 산수가 아름답고 대나무 숲이 유명했다. 353년 3월 3일 왕희
지는 명사 41명을 난정에 초대해 시 짓기 향연을 벌였다. 시냇물
상류에서 술을 담은 술잔을 띄워 보내면 각자 냇가에 앉아 술잔

• 왕희지의 「난정서」

'천하제일행서(天下第一行書)'라 불릴 정도로 왕희지의 가장 유명한 걸작이다.

을 기다리다가 술잔이 자기 앞에 닿을 때 즉흥시 한 수를 지어야 했다. 만약 시를 짓지 못하면 벌주로 석 잔의 술을 연거푸 마시기로 했다.

술잔이 와 닿기를 기다리던 명사들은 술잔이 자기 앞에 이르자 그 술을 단숨에 들이키곤 이내 시 한 수를 지었다. 모두 다 이름난 명사들이었기에 벌주를 마신 사람은 없었고 40여 편의 시가 한꺼번에 완성되었다. 이 40여 편의 시를 한 책에 모으고 왕희지가 「서문」을 썼는데 이 책이 바로 『난정서』다.

왕희지의 글씨는 정통으로 여겨져 중국 서예계에 많은 영향을 미쳤다. 왕희지는 아들 왕헌지와 함께 '이왕(二王)'으로 불렸다.

특히 해서(楷書)와 행초(行草: 행서와 초서를 아울러 이르는 말)에 뛰어나고 맵시가 아름다우며 거침이 없어 서법을 새로운 경지로 끌어올렸다.

중국의 화성이라 불리는 고개지

왕희지보다 40년 정도 뒤에 태어난 고개지는 양쯔강 이남의 명문 가문 출신이다. 어려서부터 총명하고 재능이 많아 시가(詩歌)에 능하고 글씨도 잘 썼으며 특히 회화에 뛰어났다. 고개지는 특히 초상화를 잘 그렸고 산수화도 탁월했다.

앞서 설명했지만, 고개지의 그림에 대해서는 여러 이야기가 전해진다.

어느 날 고개지는 다른 사람의 부채에 혜강과 완적 두 사람의 인물화를 그렸다. 그런데 마지막에 점정(點睛), 즉 눈동자를 찍는 일을 하지 않고 그 부채를 주인에게 돌려주었다. 부채의 주인이 왜 눈동자를 그리지 않았느냐고 묻자 그는 "눈동자를 그리면 안 되지요. 그러면 그림 속의 사람이 말을 하게 될 테니까요"라고 대답했다.

그가 실제로 점정을 했다는 일화도 있다. 동진의 수도 건강에 와관사라는 절을 짓고 축하하는 법회가 열렸다. 당시 관리나 명사들은 절에 보통 10만 전 정도를 시주했다. 그런데 고개지는 시주 명단에 100만 전을 기부하겠다고 적었다. 다들 가난뱅이 고개지가 어디서 그 많은 돈을 구할지 궁금했다. 얼마 지나 와관사 주지가 기부금을 받으러 오자, 고개지는 "절 가운데 흰 벽 한쪽만 마련해주십시오. 그 뒤에 돈을 드리겠습니다"라고 말했다. 스님은 고개지의 말대로 준비했다.

고개지는 흰 벽에 유마힐상이라는 유명한 보살을 그리기 시작했다. 그림이 완성되고 마지막으로 점정을 할 무렵이 되어서야 고개지는 주지를 찾아가 말했다.

"내일 유마힐상에 눈동자를 그려넣을까 합니다. 주지께서는 신도 여러분에게 점정하는 모습을 구경하러 오도록 말해주십시오. 첫날에 오는 분은 10만 전, 다음 날에 오는 분은 반액, 사흘째 오는 분은 임의대로 시주하면 되겠습니다."

소문을 들은 신도들은 다음 날 와관사로 몰려왔다. 고개지는 유마힐상 앞에 서서 잠깐 명상하며 정신을 집중시킨 후 정중하게 눈동자를 찍었다. 그 순간 유마힐상은 마치 되살아난 듯 자비로운 눈으로 법당 안을 환히 비춰주었다. 몰려든 구경꾼들은 앞다투어 시주했다. 이렇게 해서 순식간에 수백만 전에 달하는 기부금을 모을 수 있었다.

• **고개지의 「여사잠도」 일부**
　　장화는 서진(西晉) 혜제의 비인 가남풍의 비행을 풍자하고 그 일족의 지나친 세도를 염려하며 「여사잠」
　　이라는 문학 작품을 지었다. 이를 고개지가 그림으로 그린 「여사잠도」다.

　　고개지는 많은 작품을 남겼다. 당나라와 송나라의 사료에 기록된 작품만 해도 70여 종에 이른다. 그러나 현재 전하는 그림은 「여사잠도(女史箴圖)」 「낙신부도(洛神賦圖)」 「열녀도(烈女圖)」 세 작품뿐이다.

　　당나라의 서화 평론가 장회관은 『화단(畵斷)』이라는 책에서 '사람을 그리는 아름다움에서 장승요는 그 육(肉)을 얻었고 육탐미는 그 골(骨)을 얻었으며 고개지는 그 신(神)을 얻었는데, 고개지를 으뜸으로 친다'며 회화사에서 고개지의 위상을 나타냈다. 실제로 고개지는 지금까지도 중국의 '화성(畵聖)'으로 불린다.

시대를 초월한 대(大)시인, 도연명

동진과 송에 걸쳐 살았던 도연명는 명문 가문 출신이었지만, 청년 시절에 이르러 집안이 기울기 시작했다. 어려서부터 큰 뜻을 품고 학업에 열중해 대업을 이루려는 꿈을 가지고 있으면서도, 한편으로는 세속의 속박을 받지 않는 자연을 사랑했다.

29세에 벼슬길에 올랐으나 관직에 있는 동안 관료계의 온갖 비리와 권력 투쟁을 겪으면서 회의에 빠지기 시작했다. 그러다가 41세 때 경제적 어려움 때문에 본의 아니게 어느 마을의 현령이 되었다.

이때 상급 관청에서 정무를 시찰하기 위해 행정을 감독하는 관리가 파견됐다. 현의 관리들은 도연명에게 아첨하라고 권했지만 도연명은 관료계의 관행을 못마땅하게 여겼다. 더구나 아첨하는 일을 싫어했기에 "다섯 말의 쌀 때문에 허리를 굽히면서 소인들과 함께 벼슬하는 일은 할 수 없다"며 「귀거래사(歸去來辭)」를 읊고는 관직에서 사임했다. 관직에 오른 지 80일 만이었다.

돌아가련다.
세상 사람과 교류를 끊고
세상과 나는 서로 잊고 말지니

• **도연명**
시대를 초월한 대시인으로 칭송받고 있으
며 전원시의 창시자로도 여겨진다.

다시 한 번 관리가 되어도 거기 무슨 구할 것이 있으리오.

친척과 정겨운 이야기를 나누며 기뻐하고

거문고와 책을 즐기며 시름을 지우련다.

……

맑은 강물 흐르는 곳에서 시를 짓는다.

하늘에 맡겨 죽으면 죽으리니 천명을 즐기며 살면 그뿐,

근심할 일이 아무것도 없지 않은가.

– 「귀거래사」

도연명은 관직을 사퇴하고 고향으로 돌아가는 길에 명작으로

꼽히는 「귀거래혜사(歸去來兮辭)」를 지어 벼슬길에서 고향으로 돌아가는 기쁨과 전원생활에 대한 애정을 묘사했다. 이 시는 그의 고결한 뜻을 드러내며, 서사와 풍경 묘사, 서정이 자연스럽게 결합되어 있다는 평가를 받는다. 그는 은거하면서 수많은 전원시를 창작했다.

벼슬에서 물러나 고향으로 돌아온 초기의 시나 문장에는 유유자적하고 경쾌한 심경을 토로한 내용이 많았지만, 나중에 나온 작품에서는 깊은 사색에 빠진 작품이 많다. 현재까지 전해지는 도연명의 시는 120여 수가 되는데, 대부분이 전원생활을 읊은 것이기에 '전원시'라고도 부른다. 도연명은 전원시의 개척자로 여겨진다. 위·진 시대의 선인들은 추상적 철리(哲理), 즉 깊고 오묘한 이치로 자신의 이념을 이야기했지만, 도연명은 시인으로서 혼란의 시기에 사람들이 동경하는 아름다운 유토피아 '도원경(桃源境)'을 지향한 것이다.

중국 한족이 오랑캐 옷을 즐겨 입었다고?

북조 시대에는 북방 이민족의 옷인 호복이 중국 한족의 의복 양식에 영향을 미쳤다. 상의는 좁고 하의는 풍성한 모양새로 바뀌었다. 여성복의 소매가 좁아지고 저고리는 몸에 붙었다. 남북조 시대에는 한족의 옷과 이민족의 옷이 서로 영향을 미치면서 '고습(袴褶)'이 유행했다. 고습은 호복의 일종으로 한나라 시대부터 중원에 전파되었다. 후한 말에 이르면 이미 통이 좁은 긴 바지에서 통이 넓은 바지, 즉 '대구고(大口袴)'로 바뀌어 상류 사회에서 유행했다.

남북조 시대에는 대구고에 어울리는 상의가 등장해 '습(褶)'이라 불렸고, 상하의를 통틀어서 '고습'이라 불렀다. 북조 시대에는 편의성을 위해 저고리 여미는 방향을 오른쪽에서 왼쪽으로 바꾸었다. 고습을 입는 사람이라면 허리에 가죽띠를 두르기도 했다.

반면, 북위 효문제는 한화 정책을 추진하면서 선비족의 호복을 금지하기도 했다. 대신 넓은 소매와 화려한 문양을 가진 중국풍 옷을 입게 했다.

이민족이 창안한 입식 의자인 '호상(胡床)'도 유행했다. 그 전까지 한족은 무릎을 꿇거나 가부좌를 틀고 앉아 의자를 사용하지 않았다. 호상은 북쪽에서 전해져 한족의 좌식 문화를 변화시켰다. 자리를 펴서 앉는 연석(筵席)에도 영향을 주었다. 연회를 베풀 때 바닥에 커다란 자리를 편 다음 방석을 깔고 중간에 작은 탁자를 놓았다. 호상과 탁자가 유행하면서 사람들은 바닥에 앉지 않고 먹을거리를 높은 탁자 위에 놓게 되었다.

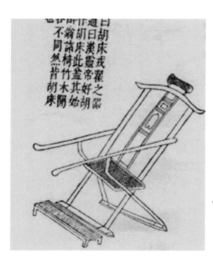

• **호상**
한족은 북방 민족의 영향을 받아 바닥에 앉던 이들이 호상이나 침대를 사용하면서 입식 생활을 하기 시작했다.

문화는 이처럼 원하든 원하지 않든 서로 영향을 주고받는다. 다시 말해 민족의 동화는 양방향으로 진행된다. 이민족이 한족화되는 동시에 한족 역시 이민족의 문화를 받아들였다. 오랜 세월에 걸친 교류 속에 한족은 자연스럽게 이민족의 관습을 받아들여 음식, 악기, 가축 사육 등의 방식이 변하게 되었다.

한국사에도 고려가 몽골의 영향을 받아 '몽골풍'이 유행했지만, 몽골에도 고려 문화의 영향으로 고려양이 유행한 사례가 있다.

이처럼 역사 속에서 각기 다른 문화가 접촉하고 교류하면서 서로에게 영향을 미친 사례들을 좀 더 조사해보자.

고구려, 백제, 신라 삼국은
위·진·남북조 시대 중국과 어떻게 교류했을까?

위·진·남북조 시대에 우리나라의 고구려, 백제, 신라 삼국도 중국과 가까이 교류하며 성장하고 발전했다. 특히 삼국은 중국 교류의 관문인 한강 유역을 두고 치열하게 다투기도 했다.

고구려는 중국과 직접 영토가 닿아 있는 만큼 중국의 세력 변화에 가장 적극적으로 반응했다. 중국과 때로는 협력하고 때로는 견제하면서 성장한 고구려는, 특히 소수림왕 때 전진으로부터 불교를 수용했다. 불교 신자인 전진 왕 부견이 순도라는 승려를 고구려에 파견해 우리나라에 처음으로 불교를 전파한 것이다. 고구려의 소수림왕은 불교를 사상 통일의 수단으로 삼아 왕권 강화를 꾀할 수 있었다. 이를 기반으로 광개토대왕 때는 영토를 크게 확장할 수 있었다. 장수왕은 중국의 분열 상태를 이용해 남북조와 모두 외교 관계를 맺어 중국 세력을 견제하며 전성기

* **백제의 무령왕릉**
  중국 남조의 영향을 받아 우리나라에서는 보기 드문 벽돌무덤 양식을 보이고 있다.

를 구가한다.

백제는 주로 남조의 여러 국가와 교류하면서 영향을 받았다. 교류의 흔적을 보여주는 대표적인 유물이 바로 무령왕릉이다. 장수왕에게 한강 유역을 빼앗긴 뒤 백제 중흥을 위해 노력하던 무령왕은 남조의 국가들과 문화 교류에 힘쓴다. 그 결과의 하나로, 무령왕릉은 남조 국가 가운데 양나라에 영향을 받아 중국식 벽돌무덤으로 제작되었다.

백제와의 교류는「양직공도(梁職貢圖)」라는 그림에서도 살펴볼

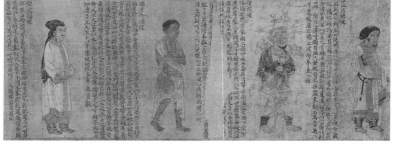

- 「양직공도」

  원본에는 25개국의 사신의 모습이 남겨져 있으나 현재는 12개국의 모습만 볼 수 있다. 동그라미로 표시한 인물이 백제의 사신이다.

수 있다. 이 그림은 양나라 무제의 일곱째 아들인 소역이 형주 강릉의 자사로 있을 때 형주에 온 외국 사신들의 모습과 풍속을 관찰하면서 직접 그림을 그리고 해설을 덧붙인 것이다. 여기에 백제의 사신도와 7행 160여 자의 기록도 남겨져 백제의 역사를 연구하는 데 귀중한 자료로 활용되고 있다.

신라는 한강 유역을 차지하기 전까지는 고구려와 백제를 통해 중국 문화를 수용했다. 법흥왕 때 양나라에 사신을 파견하는 등 교류를 이어오다가 한강 유역을 차지한 뒤로는 중국과 직접 교류했고, 중국에 당나라가 들어섰을 때는 이를 이용해 삼국 통일을 이루기도 한다.

한편 중국을 통해 수용된 학문, 음악, 미술, 종교 등 다양한 문화는 삼국을 거쳐 일본까지 전파되어, 일본 고대 문화 발전의 중요한 기반이 되었다.

중국 대륙은 이제 크게 남조와 북조로 나뉘어 대립한다. 남조는 동진에서 시작해 강남 지방에 세워진 송, 제, 양, 진으로 이어진다. 북조는 16국으로 분열되었다가 북위로 통일된다. 이후 북위는 서위와 동위로 나뉘고, 동위는 다시 북제로, 서위는 북주로 이어진다. 이후 북주는 북제를 병합했다가 수로 통일되고, 수는 남조의 진을 병합해 마침내 남북 전체를 통일한다.

남북조 시대는 왕조의 교체가 빈번했고 사회적으로도 매우 혼란했다. 하지만 남조에서는 문학과 예술이 발달했으며, 북조에서는 한인 문화를 습득하기 위한 노력이 이루어졌다. 다시 말해, 정치적으로는 혼란했지만 문화적으로는 발전을 이룬 역설적인 시기가 남북조 시대였다.

제4장

남북조 시대

01

남조의 첫 번째 황조, 송나라

남조의 첫 번째 황조인 송나라를 세운 유유는 자가 덕여이고, 아명은 기노이며, 본적은 팽성이었다. 그는 가난한 집안에서 태어나 젊었을 때 농사를 짓고 물고기를 잡기도 했다. 이후 동진의 북부군에 가담해 유뢰지의 부하가 되었다가 동진의 반역자 초왕 환현을 토벌하면서 동진의 정권을 장악했다. 미천한 출신이었기에 큰 공을 세워 자신의 위신을 높일 계획을 세우고 있었다. 유유는 대군을 거느리고 북벌을 개시해 남연을 공격했다. 남연은 선비족이 세운 나라였다.

유유, 송나라를 건국하다

두 차례에 걸친 유유의 북벌이 모두 성공해 동진의 북쪽 국경
선은 회하, 비수에서 황허강의 남쪽까지 이르렀다. 이민족에 점
령당했던 장안에 다시 한족이 들어서게 되었고, 두 차례에 걸친
북벌 중에 유유는 형주와 익주까지 나아가 승리했다. 이로써 동
진은 양쯔강의 중류와 상류 지대까지 세력이 확장되었고, 유유
의 명성도 널리 알려졌다.

410년 동진의 마지막 황제 공제(재위: 418~420)는 유유 측근으로
부터 협박을 받아 유유에게 천자의 자리를 물려준다는 「조서」를
내렸다. 드디어 유유는 황제 자리에 오르고 나라 이름을 '송'이

• 유유
남조 시대 첫 번째 왕조인 송나라의 건국
자다.

라 했다. 그가 바로 송나라 무제(재위: 420~422)다. 유유의 송나라는 '유송(劉宋)'이라고도 부른다.

송나라 무제는 연호를 '영초'라고 했다. 더불어 자신에게 황제의 자리를 넘겨준 동진의 공제를 영릉왕으로 강등시켰다가 이듬해 사람을 보내 독살했다. 이로써 104년을 이어오며 총 열한 명의 황제가 재위한 동진이 막을 내리고, 바야흐로 남북조 시대가 시작되었다.

호족 출신인 왕돈, 환온, 환현의 무리는 모두 사마씨의 황제 자리를 노렸으나 실패했다. 아이러니하게도 이들보다 신분이 낮은 평민 출신의 무장 유유는 성공한다. 위·진·남북조 시대에는 가문의 위상이 관직 등용에 매우 중요했다. 즉, 문벌 귀족이냐 아니냐가 출세에 큰 관건이었다. 하지만 유유는 문벌 귀족이 아니라 이름 없는 집안 출신의 무장으로 나라를 건국한다.

탐심과 포악한 정치로 나라를 망치다

유유는 즉위한 지 3년 만에 죽었다. 그 뒤에 장남 유의부가 소제(재위: 422~424)로 즉위하고, 다시 셋째 아들인 유의륭이 문제(재위: 424~453)로 즉위한다. 문제는 '원가(元嘉)의 치(治)'로 불리는 현명한 통치를 펼쳤다. 이 시기는 남조를 통틀어 가장 국력이 강성

• **유자업**
남북조 시대 송나라의 제5대 황제인 전폐
제 유자업은 실정을 거듭한 끝에 살해당
했다.

하고 영토도 최대로 확대된 시기였다. 문제는 무제가 추진한 소
농민 위주의 경제 정책과 호적 정리 사업을 계승해 농경지 개간
을 장려했다. 또 세역을 담당하는 호구를 증가시켜 나라의 병력
과 재원을 확보했다. 하지만 이후에 등장하는 군주들은 모두 정
치에 관심이 없었다. 특히 전폐제(재위: 464~466) 유자업은 폭군으
로 이름난 군주였다.

유자업은 열여섯에 즉위하자마자, 할아버지의 동생 유의공과
그의 아들 넷을 모두 죽였다. 유자업은 또 동생들이 성장하면 자
신의 자리를 탐낼까 두려워 어린 두 동생을 죽였고, 숙부 여섯 명
도 죽이려 했다. 주변 친족을 모두 죽이려든 유자업 때문에 궁은
두려움에 휩싸였다.

유자업은 아름다운 여자를 좋아해 궁녀의 수가 많았다. 심지어 막 시집온 숙모를 아내로 삼기도 했다. 가문 탓이었는지 그의 누이 산음내친왕도 남성 편력이 대단했다. 유자업은 누이를 위해 36명의 남자 첩을 거느리도록 허락했다.

포악한 정치를 펼치던 유자업은 결국 동생에게 목숨을 빼앗기게 된다. 유송 황조의 후반은 폭군 정치와 황제의 자리를 차지하기 위한 친족 간의 살육극으로 얼룩졌다. 유송은 내분을 겪으면서 점차 쇠퇴했다. 유송 황조가 망한 뒤 유유의 많은 자손이 모두 죽임을 당했고, 유송은 결국 479년에 소도성에 의해 멸망했다.

송나라의 실패를 되풀이한 제나라

송나라 승명 3년(479) 소도성이 사람을 보내 송나라 순제(재위: 477~479)에게 황위 계승을 강요했다. 이튿날, 송나라 순제는 또 강요를 받을까 두려운 나머지 조정에 나가지 못했다. 결국 소도성에게 두려움을 느낀 태후가 직접 환관을 이끌고 사찰의 지붕에 숨어 있던 순제를 찾아냈고, 순제에게 양위를 강요했다. 이후 소도성이 황제로 즉위하여 국호를 '제', 연호를 '건원'이라고 정하게 된다. 역사에서는 이 나라를 '남제(南齊)' 또는 '소제(蕭齊)'라고도 한다.

소도성은 전한 건국의 공신 소하의 24세손이다. 처음에는 변방에 주둔하는 지방군의 하급 참모였다가 전공을 세워 요직에 오르게 되었다. 송나라가 왕위 다툼을 벌여 친족 간에 싸움을 벌이고 있을 때 친위군의 실권을 장악해 실력자로 부상했다.

황제의 유흥과 폭정에 시달리는 송나라

유송의 황제 유욱도 후폐제(後廢帝, 재위: 472~477)라 불릴 정도로 유흥과 폭정에 빠져 있었다. 어느 날 유욱은 친위군의 병영을 방문했다. 무더운 여름날이어서 소도성은 불룩한 배를 드러낸 채 알몸으로 자고 있었다. 소도성의 배를 본 유욱은 호기심에 배꼽을 중심으로 둥글게 원을 그리고 그곳을 표적 삼아 화살을 쏘려 했다.

잠에서 깬 소도성이 놀라 머리를 조아리며 용서를 빌었다. 그러자 주위에 있던 사람들도 소도성의 배를 표적으로 쏘아 맞히면 화살을 맞는 순간 죽게 되어 한 번의 놀이로 끝나니, 진짜 화살이 아닌 가짜 화살로 쏘면 오래도록 즐길 수 있다며 설득했다. 이 말을 들은 유욱도 동의해 뼈로 된 화살촉으로 바꿨다. 소도성의 배꼽을 명중시킨 유욱은 신하들에게 자신의 솜씨를 뽐내며 좋아했다.

이런 일이 있자 소도성은 언젠가는 유욱에게 죽임을 당할까 두려워 남몰래 그의 부하 왕경칙에게 유욱을 암살하도록 했다. 왕경칙은 잠자는 유욱의 머리를 잘라 소도성의 집으로 가져갔다. 이를 확인한 소도성은 바로 문을 열고 부장을 갖추고 궁을 점령했다.

날이 밝자 소도성은 회의를 열어 황제 계승 문제를 논의했다. 온화하던 소도성은 평소와 달리 눈을 부릅뜬 채 사람을 위압하는 태도로 회의에 참석했다. 소도성의 부하 왕경칙이 칼을 빼어 들며 "천하는 소씨의 것이다. 이의를 제기하는 자가 있으면 목을 날려버리겠다"고 말했다. 그러고는 소도성에게 옥좌에 오르도록 권했다.

그러나 소도성은 어릴 때 유학의 경전을 배워 황조 교체의 역사를 알고 있었다. 그래서 선왕의 예에 따라 선양을 받는 형식을 꾸며 황제의 자리에 오를 연극을 계획했다.

제나라, 골육상쟁으로 머지않아 멸망의 길에 들어서다

마침내 479년 소도성은 송나라의 마지막 황제 순제(재위: 477~479)로부터 선양을 받아 황제 자리에 오르게 되었다. 소도성은 이후 고제(재위: 479~482)라 불렸다. 열세 살인 순제는 죽음을 당할까 두려워 궁전의 불당 깊숙한 곳에 몸을 숨겼으나 결국 발각

되어 수레에 실렸다. 어린 황제는 왕경칙에게 살려달라고 애원
했지만 소용없었다. 자신의 후손들은 제발 제왕의 자손으로 태
어나지 않기를 바란다는 말을 남기고 곧바로 죽임을 당했다.

소도성은 즉위 후 황제의 자리가 자손들에게 이어질 토대를
만들기 위해 노력했다. 그는 황제에 오른 뒤 3년 만에 죽었는데
죽음을 앞두고 자손을 불러 "너희는 송나라가 망한 역사를 교훈
으로 삼아 형제간에 화목하고 협조하지 않으면 안 된다. 송나라
의 실패를 되풀이해서는 안 된다"는 유언을 남겼다.

그러나 제나라의 역사는 소도성의 바람대로 되지 않았다. 골
육상쟁이 시작된 것이다. 황실 내 동족 간의 살육은 명제(재위:

494~498) 때 가장 처참했다. 명제는 자신의 친족 대부분을 살해했다. 이들을 죽이는 방법이 한 편의 연극과도 같았다. 명제는 친족을 죽이기 전에 대성통곡을 하며 눈물을 흘렸다. 그러면 형리들이 황족의 죄상을 고발하며 죽일 것을 아뢰어 청했다. 그러면 명제는 이것을 허락하지 않았고 이후 여러 번 거절한 다음에야 마지못해 허락하는 척했다.

명제가 죽고 그 뒤를 이은 둘째 아들 소보권은 명제보다 더한 인물이었다. 더 잔인한데다 정치에는 관심이 없었다. 이런 제나라에 남은 건 멸망뿐이었다.

03

달마대사가 다녀간 양나라

502년 옹주자사로 있던 소연은 남제의 마지막 황제 화제(재위: 501~502)의 선양을 받아 황제 자리에 오르고 나라 이름을 '양'이라 했다. 이 사람이 양나라의 창시자 무제(재위: 502~549)다.

소연은 난란릉(南蘭陵: 지금의 산둥성 란린현) 출신으로 무려 48년간 재위하다가 86세에 죽었다. 그는 어려서부터 독서를 좋아해 손에서 책을 놓지 않았다고 한다. 경서, 역사에 조예가 깊었으며 초서와 예서에 능한 서예가이기도 했다.

남조의 유일한 성군 양 무제

양의 무제는 남조 황제 중 유일한 성군이었다. 무제는 정무에 열중했고, 추운 겨울에도 새벽에 일어나 서류를 결재하고 공무를 처리하느라 손발이 다 부르텄다고 한다. 생활도 검소해 하루 세끼의 식사가 모두 소박했으며, 옷이나 이불도 닳아 못 쓰게 될 때까지 사용했다고 한다. 당시 이처럼 검소한 생활을 한 황제는 매우 드물었다.

그러나 재위 기간이 길어지면서 나중에는 정치가 문란해지기 시작했다. 후반에 이르러서는 정치를 게을리하고 불교에 귀의해 하루 한 끼의 식사만 하고 술, 고기, 음악을 금했다. 또한 비단을 짤 때 많은 누에를 죽여야 하므로, 이는 살생을 금지하는 부처님

• **양의 무제 소연**
독실한 불교 신자인 양의 무제는 '황제 보살'이라 불렸으며, 중국 남부 지역에 불교를 전파하는 데 이바지했다.

의 가르침을 배반하는 것이라 하여 비단옷을 입지 않고 무명옷을 입었다.

양 무제는 황제 자리에서 물러나 불가에 귀의하겠다며 무려 네 번이나 건강 최대의 사원인 동태사에 들어갔다. 이때마다 군신들은 1억 전(錢)이라는 막대한 돈으로 황제를 사서 궁으로 데려오는 소동을 벌여야 했다. 이런 이유로 양 무제는 '황제 보살'이라는 별명으로 불렸다.

무제는 여러 가지 일을 벌였지만, 특히 사원과 불탑을 세우고 불상을 만들어 남조 시대 불교를 부흥시켰다. 수도 건강에는 거리마다 사원이 세워졌고 탑들이 여기저기 우뚝 솟아 있었다. 건강에 세워진 사원의 수만 500여 개, 승려의 수가 10만 명을 넘었다고 한다.

이 시기 불교 역사에 한 획을 긋는 인물이 중국에 오게 되는데, 바로 중국 선종(禪宗)을 창시한 달마대사다. 달마대사는 520년경 양 무제와 만나 불교에 대해 문답을 나눈 뒤 북위의 뤄양으로 가던 중 소림사로 들어갔다는 이야기가 전해진다. 소림사에는 초조암(初祖庵)이라고 불리는 암자가 있는데, 선종의 초조(初祖)인 달마대사가 이곳에서 수행을 했기 때문에 붙여진 이름이다.

- **달마대사**

  중국 선종을 창시한 승려로 「달마도」로 유명하다. 왼쪽 그림은 명나라의 송욱이 그린 「달마도」이고, 오른쪽 그림은 조선의 김명국이 그린 「달마도」다.

- **소림사 초조암**

  선종 초조인 달마대사가 이곳에서 수행을 했기 때문에 초조암이라고 불린다.

무제의 행적 중 특이한 점은 손에 염주를 쥐고 몸에 가사를 걸치고 사원에 거주하는 사람은 지주는 물론, 황족이나 호족의 축재를 눈감아주었다는 것이다.

무제의 여섯 번째 동생 임천왕 소굉은 욕심이 많고 재산을 축적하는 데만 열심이었다. 그는 100칸이나 되는 창고를 가지고 있었는데, 그중 30여 칸에는 1칸 당 1,000만 전이 들어 있었다고 한다. 그 밖의 다른 창고에는 피륙, 꿀, 납 등이 수북히 쌓여 있었다.

소굉은 검소한 형이 금은보화로 가득 찬 창고를 보면 화가 나 엄벌을 내리지 않을까 걱정되었다. 그러나 무제는 벌을 내리는 것이 아니라 오히려 잘하고 있다며 소굉을 칭찬했다. 무제의 이 같은 정치는 백성을 크게 괴롭히는 것이었다. 백성은 일할 의욕을 잃었고 군대는 싸울 의지마저 잃어 쇠사슬로 매어놓지 않으면 모두 도망치는 형편이었다. 548년 양 무제에 반발한 '후경의 난'이 일어나게 된다.

양 무제, 후경의 난으로 몰락하다

후경은 원래 북쪽 동위의 장군으로 547년 양나라에 투항해온 사람이었다. 후경은 동위의 고징이라는 사람과 하남 13주의 지배권을 다투고 있었는데, 하남왕이 되어 하남 13주의 지배권을 인정한다는 조건으로 양나라에 투항했다. 양나라 입장에서는 싸우지 않고 하남 13주의 땅을 얻을 수 있었으므로 후경의 항복을 기꺼이 받아들였다.

하지만 동위에서는 후경의 배반을 그냥 두지 않았다. 마침내 후경 토벌군을 파견하자 양 무제도 그의 조카 소연명을 도독에 임명해 후경 지원군을 파견했다. 이 싸움은 결국 양나라의 패배로 끝났고 소연명은 포로가 되었다. 이때 후경은 재빨리 800명의 부하를 거느리고 목숨을 보전하여 수춘까지 도망쳐왔다.

다음 해 포로가 되어 동위에 잡혀 있던 소연명이 사자를 보내 동위가 양나라에 국교 회복을 희망하고 있다고 알려왔다. 이에 양나라에서는 강화 사절을 동위에 파견했다. 이 사실을 알게 된 후경은 마음이 불안했다. 강화 조건에 혹시 소연명과 자신을 교환하자는 조건이 있을지 모르기 때문이었다. 결국 후경은 반란의 뜻을 품고 수양에서 군사를 일으켜 건강과 마주 보는 양쯔강 북쪽 언덕까지 진격해 석두성을 점령했다.

이 소식을 들은 양 무제는 깜짝 놀라 각지에서 지원군을 모집하고 아들인 소륜과 유중례를 지원군 사령관에 임명했다. 그러나 유중례와 소륜은 후경의 군대가 대성을 포위하는 것을 그대로 방관하고 군사를 출동시키지 않았다. 두 사람은 후경의 군대가 대성을 함락시켜 아버지 양 무제를 죽이면 자신들이 황제 자리를 차지할 속셈이었다.

후경의 군대는 결국 130일 만에 대성을 함락했다. 후경은 대성에 입성해 무제를 만났다. 이때 무제는 86세의 고령이었으나 황제로서의 위엄은 대단했다. 후경은 식은땀을 흘리며 무제를 제대로 쳐다보지도 못했다.

"경은 어느 고을 사람이기에 여기까지 왔는가. 그대의 가족은 아직 북쪽에 있겠지?"

무제가 물었지만 후경은 대답하지 못했다. 이때 후경 옆에 있던 사람이 대신 대답했다.

"아내와 자식들는 모두 고씨에게 죽임을 당했고 신 혼자만이 폐하에게 돌아왔습니다."

다시 무제가 물었다.

"처음 강을 건널 때 경을 따르는 군사는 몇 명이었는가?"

"1,000명 정도입니다"

후경은 이제야 비로소 직접 대답했다.

"대성을 포위한 군사는 몇 명이었는가?"

"19만 명입니다."

"지금은 몇 명이나 되는가?"

"온 나라 안의 백성 모두입니다."

이 대답을 듣자 양 무제는 고개를 떨구며 입을 꾹 다물었다.

그 후 양 무제는 유폐당한 채 음식도 제대로 공급받지 못하고 병이 들고 말았다. 그는 입맛이 써 견디지 못해 꿀물을 요구했지만 거절당했다. 그는 "괘씸한 놈"이라는 한마디 말을 남기고 죽었다고 한다.

이 사건으로 풍요를 자랑하던 강남의 땅도 시체가 산더미처럼 쌓였고, 500여 개의 사원이 무참히 파괴되었다. 양 무제가 공을 들인 불교도 이런 난세를 구원해주지는 못했다.

04

남조의 막을 내린 진나라

양 무제가 죽자 황태자 소강이 뒤를 이었는데, 이 황제를 간문제 (재위: 549~551)라 한다. 그러나 실상 후경이 스스로 황제가 되어 나라 이름을 '한(漢)'이라 칭하는 바람에 간문제는 이름뿐이었고 실권은 후경이 가지게 되었다.

황제가 된 후경은 잔인한 정치를 펼치기 시작했다. 자신에게 반대하는 남조의 백성을 체포해 석두성에 설치한 커다란 맷돌로 죽였다. 그리고 자신의 위신을 과시하고자 성을 공략해오는 자는 한 사람도 남김없이 죽여 없애라고 명령을 내렸다.

후경의 잔인한 행위는 백성의 반항심을 불러왔고, 지방에 있던 양나라 관리나 장군, 호족이 모두 군사를 일으키게 되었다. 수많은 반란군 가운데 특히 형주의 왕승변의 군대와 영남의 진패선의 군대가 강력였다.

진패선, 진 건국의 일등공신이 되다

진패선은 자가 흥국, 아명은 법생이다. 어려서부터 집안이 가난했지만, 병서(兵書) 읽기를 게을리하지 않았다. 그는 군사 분야에서 계속 공을 세웠다. 이후 진패선이 군사를 거느리고 공수를 따라 진격했을 때, 공수 연안의 백성들은 앞다투어 진패선 군대에 가담하거나 식량을 보내 병력이 크게 늘어났다. 진패선 군대는 나중에 왕승변 군대와 합류했다.

당시 왕승변의 군대는 군량이 부족해 병사들이 동요하고 있었다. 진패선은 자신이 가지고 있는 50만 석의 군량 중 30만 석을 왕승변에게 보내주었다. 이에 왕승변의 군대는 사기가 올랐고, 마침내 진패선과 왕승변의 군대는 힘을 합쳐 후경의 군대를 대파하고 건강을 공략했다.

후경은 가족과 측근 수십 명과 함께 배를 타고 바다로 도망치려 했다. 그런데 배가 작아서 일행 모두가 탈 수 없자 후경은 잔인하게도 자식 둘을 강에 빠뜨리고 건너왔다. 배가 바다에 가까

獨運英謀臨危制勝
受界之禪寬簡為政

陳武帝

• **진패선**
후경의 난을 진압한 뒤 세력을 모아 진나라를 건국했고,
스스로 '무제'라고 칭했다.

워지자 후경은 마음이 놓였는지 코를 골면서 잠에 깊이 빠졌다.
그러자 측근들은 뱃머리를 징커우로 다시 돌렸다.

배가 징커우 가까이에 이르자 잠에서 깨어난 후경은 사태를
파악하고 당황했다. 측근들은 "오랫동안 당신을 섬겼지만 아무
런 소득이 없었다. 그래서 당신의 목을 왕승변과 진패선에게 바
칠까 한다"고 말하며 후경을 죽였다. 이후 후경의 시체는 건강으
로 보내 높은 곳에 매달았다.

양의 원제(재위: 552~554)가 죽자 왕승변과 진패선은 원제의 아
홉 번째 아들인 열세 살 진안왕 소방제를 황제로 세우고 경제(재
위: 555~557)라 불렀다.

진패선이 왕승변을 제거하고 소방지를 황제로 세우다

진패선은 한족이었으나, 왕승변은 선비족 출신으로 성이 오환 (烏桓)이었다. 왕승변과 진패선 두 사람이 어린 황제를 보좌하고 있을 때 북방의 선비족 황조인 북제(北齊)가 군사를 동원해 남쪽을 침공했다. 그리고 사자를 왕승변에게 보내 이렇게 말했다.

"양나라는 여러 가지 사건으로 다사다난한데 황제가 어리기까지 하니 어떤 일이 일어날지 모릅니다. 그러니 나이가 많은 소연명을 황제로 옹립하는 것이 어떻겠습니까? 만약 소연명이 황제의 자리에 오른다면 제나라는 바로 군사를 철수시키는 동시에 두 나라가 사이좋게 지낼 수 있을 것입니다."

앞에서 본 것처럼, 소연명은 양 무제의 조카로 양나라와 제나라가 후경의 문제로 싸움을 벌였을 때 포로가 된 사람이었다. 북제가 포로로 잡고 있는 사람을 남조의 황제로 추천한 것이다. 왕승변은 진패선의 강한 반대에도 불구하고 소연명을 건강으로 맞아들여 황제로 삼고 경제를 황태자로 격하시켰다. 그리하여 한족의 양 황조가 선비족인 북제가 요구한 대로 황제를 교체함으로써 사실상 북제에 대해 한족이 항복하는 결과를 가져오고 말았다.

왕승변의 이러한 처사는 강남 백성들의 반발을 샀다. 결국 진패선은 극비리에 왕승변을 죽이고 소연명을 폐하는 한편, 다시 소방지를 황제로 옹립했다. 이러한 사실을 알게 된 북제는 다시 대군을 출동시켜 중산까지 공략해왔다. 그러자 왕승변의 잔류 부대도 이들과 합류해 반기를 들었다. 진패선은 앞장서서 이와 같은 상황을 극복하고 북제 군대와 왕승변의 잔류 부대를 진압 했다.

그런데 당시 호우로 인해 대홍수가 일어나 전투가 교착상태에 빠졌다. 더구나 진패선 군대는 군량마저 부족해 사기가 떨어지고 있었다. 이에 강남의 백성들은 한족의 나라를 지켜야 한다는 생각에 연잎에 밥과 반찬을 싸서 진패선 군대에 공급하며 장병들을 격려했다. 백성들의 지원에 힘입어 진패선 군대는 마침내 승리를 거두게 되었다. 진패선은 강남 지방을 선비족에게서 구하고 한족의 독립을 지키게 되었다.

사치와 향락으로 쇠락하는 진나라

557년 진패선은 양나라의 경제로부터 선양을 받아 황제 자리에 올랐다. 나라 이름을 '진(陳)'이라 하고 무제(재위: 557~559)라 칭하며 연호를 '영정'이라고 했다. 양나라는 56년 동안 네 황제를 거치며 이어진 황조의 역사를 마감했다.

선제가 죽고 그의 아들 진숙보가 즉위하니 그가 진나라의 마지막 황제 후주(재위: 582~589)다. 후주는 태자 시절부터 술을 좋아했다. 황제가 된 뒤에는 임춘, 결기, 망선이라는 화려한 세 누각을 세웠다. 높이가 수십 미터나 되었으며 향나무로 지었기 때문에 향기가 짙었다. 누각을 금, 진주 등으로 장식하고 보옥으로 꾸민 주렴과 의복, 기구 등을 놓아 사치의 극치를 이루었다.

이렇게 진나라의 후주가 사치와 향락에 빠져 있을 무렵 북조의 북주를 멸망시킨 수나라의 문제(재위: 581~604) 양견은 군대를 이끌고 진을 공격했다. 후주는 수나라 군사가 공격해온다는 보고를 받고도 "천자의 운수가 나에게 있거늘 수나라가 무엇을 어쩌겠다는 말인가?"라고 하며 풍악을 울리고 흥청망청 술을 마셨다.

수나라 군사는 곧장 궁으로 쳐들어갔다. 적군이 궁중에 침입했다는 소식을 듣고 나서야 후주는 두 후궁과 함께 경양전의 옛 우물 속으로 숨었다. 이를 발견한 수나라 군사가 우물 뚜껑을 열고 돌을 떨어뜨리려 하자 후주는 살려달라고 애원했다. 수나라 군사는 밧줄을 우물 안에 던져 후주를 우물 밖으로 꺼내 생포했다. 이렇게 진나라는 세워진 지 22년 만에 멸망하고 말았다.

중국 북부를 통일한 북조 시대

선비족 탁발규가 5호 16국 시대의 마지막 왕조 북량을 멸망시키고 중국 북부를 통일했다. 탁발규는 대나라의 옛 도읍인 정양의 성락이라는 곳으로 도읍을 옮기고, 4월에 국호를 '위(魏)'로 바꾸어 위나라 황제가 되었다. 역사에서는 탁발규가 세운 위나라를 이전의 위나라와 구분하여 '북위(北魏)'라고 부른다. 그는 자신의 권위를 절대화하기 위해 한족의 고관 최호와 도사 구겸지의 권유로 도교를 적극 받아들였다. 도교는 국교의 지위를 획득했고, 반대로 불교는 철저히 탄압받았다.

북위 효문제, 반대 세력을 무릅쓰고 개혁에 힘쓰다

북위의 초대 황제 탁발규(재위: 386~409)가 죽고 그 뒤로 세월이 흘러 제7대 황제로 효문제(재위: 471~499)가 즉위했다. 효문제는 어려서부터 총명하고 침착했다. 세 살 때 황태자가 되었으며 네 살에는 효성이 지극하여 아버지의 종기 고름을 자신의 입으로 빨았다는 일화가 유명하다.

그가 다섯 살 때 아버지 헌문제(재위: 465~471)로부터 제위를 물려받자 그의 조모 문명 황후가 태황태후로 섭정하게 되었는데, 그녀는 정권욕이 강한 사람이었다. 태황태후는 헌문제의 존재가 자신에게 불리하다고 생각해 헌문제를 스물셋이 되던 해에 독살했다. 어린 효문제의 존재도 거추장스럽게 여겨 독살하고자 했다. 그리하여 추운 겨울 효문제에게 얇은 홑옷만 입혀 방 안에 가두고 3일이나 굶기는가 하면 터무니없는 유언비어를 믿어 매질까지 했다.

효문제를 괴롭힌 태황태후였지만 국가에 도움이 되는 정책을 펼치기도 했다. 그녀가 정무를 보살피고 있을 때 효문제의 이름으로 봉록제(관리에게 직무 활동에 대한 대가로 곡물이나 화폐 등을 지급하는 제도), 삼장제(촌락의 조직을 3계층으로 구분해 각 계층마다 장[長]을 두는 제도), 균전령(장정에게 토지를 지급하고 조세와 요역을 부과하는 제도)을 제정했다. 이러한 제

연연　　　거란　　국내성

원강　　●평성

토욕혼

북　　조

북 위
(386~534)

룽먼●

고구려

신라

백제

가야

황 해

화이허강

●건강

동 중 국 해

양쯔강

남　　조

송
(420~479)

주장강

남 중 국 해

● 수도
── 북위의 최대 영역
── 송의 최대 영역

백란

청하이강

· **북위와 송의 영역**
　북위와 송이 대립하면서 남북조 시대가 시작되었다. 북조가 군사력이 강해 점차 우위를 잡았다.

도를 바탕으로 북위는 경제적으로 발전하고 부강하게 되었다.

　490년 태황태후가 죽고 24세인 효문제의 친정이 시작되었다. 사실 태황태후는 효문제에게 별 기대가 없었지만, 효문제는 태황태후의 착하고 성실한 손자로서 할머니의 개혁을 이어받아 왕조의 통치력을 강화했다.

그러나 효문제의 개혁 정치에 반대하는 세력도 존재했다. 천도, 즉 수도를 옮기는 문제에서 갈등이 드러났다. 북위의 옛 도읍인 평성(平城: 지금의 산시성 다퉁)은 유목 민족인 유연, 고거(튀르크계 유목 민족) 등의 침입을 방어하거나 그들을 공격해 중원 지역을 차지하는 데 중요한 역할을 하는 곳이었다. 그러나 100년이라는 시간이 지나면서 평성은 점차 수도로서 제 역할을 하지 못했다. 기후가 한랭하고 토지가 척박하며 교통도 불편했다. 인구가 증가하면서 식량 공급에도 자주 어려움을 겪었다.

뿐만 아니라 평성은 변경 지역에 있어 북쪽으로는 유연의 위협을 받았고, 남부 지역을 통치하기에는 거리가 너무 멀었다. 효문제는 효율적으로 중원 지역을 다스리고 전국을 통일하려면 반드시 한화 정책을 이루어야만 했다. 그러나 평성은 보수적인 선비족 귀족들이 모여 있어 이곳에서 개혁 시도는 큰 반대에 부딪힐 것이 뻔했다. 그래서 효문제는 중원의 중심부인 뤄양으로 도읍을 옮길 것을 결심했다. 그러나 귀족과 고관들의 반대 때문에 실행되지 못했다.

결국 효문제는 극비리에 천도를 실행하기로 결정했다. 신하들을 모아 회의를 열고 대군을 출동시켜 남쪽을 정벌하겠다고 발표했다. 임성왕 탁발징을 비롯해 신하들이 반대했다.

"이 나라는 폐하의 것이지만 저도 이 나라의 신하입니다. 군사를 출동시키면 나라를 위태롭게 한다는 것을 알면서도 가만히 있을 수 없습니다."

회의가 끝난 뒤 효문제는 탁발징을 몰래 궁으로 불러 비밀 회담을 갖고 이번 원정이 실제로 의도하는 바를 말했다.

"우리 선비족은 몽골사막 남쪽 평성에서 살고 있소. 평성은 군마를 조달하고 군사를 집결시켜 싸움을 벌이기에는 적합한 곳이나 문화의 중심지로는 적합하지 않소. 특히 강남과 대치해 북방을 굳게 지키고 안정된 정치를 실현하려면 중원의 힘을 빌리지 않고서는 불가능한 일이니 뤄양으로 도읍을 옮기는 것이 중요하다고 생각하오. 나는 남방을 원정한다는 명목으로 뤄양으로 도읍을 옮길 계획인데 신의 생각은 어떻소?"

이 말을 들은 탁발징은 효문제의 의견에 동의해 천도를 지지하게 되었다.

493년 효문제는 직접 보병과 기병 30만 대군을 거느리고 황허강을 건너 뤄양에 주둔했다. 모든 사람이 '정말 황제가 남쪽 원정을 감행할 것인가?' 하고 의아해하면서 근심했다. 군복으로 갈아입은 효문제는 말에 올라 군대에 출격 명령을 내렸다. 문무백관은 모두 효문제의 말 앞에 엎드려 남방 원정을 취소해달라고 건의했다. 효문제는 얼굴을 붉히며 호령했다.

"내가 천하를 통일하려는데 신하들이 여러 차례 짐의 뜻을 저지했다. 더 이상 반대하면 그 죄를 묻겠다."

이때 탁발휴라는 선비족의 귀족이 효문제 앞에 엎드려 눈물을 흘리며 원정 계획을 취소할 것을 호소했다. 탁발휴의 호소를 들은 효문제는 점차 얼굴빛을 누그리며 말했다.

"이번 원정은 군신 모두가 노력해 진행한 일이오. 그런데 아무런 성과가 없다면 곤란하오. 원정을 취소한다면 이번 기회에 도읍이라도 옮길 생각인데 이에 대한 대신들의 의견을 듣고 싶소. 찬성하는 자는 왼쪽에, 반대하는 자는 오른쪽에 서시오."

오래전부터 문무백관은 천도를 반대했으나 남방 원정보다는 천도하는 쪽이 낫다고 생각해 모두 왼쪽으로 줄을 섰다. 마침내 대군은 그대로 뤄양에 머무르고 효문제는 천도에 성공하게 되었다.

선비족의 옷을 벗기고 한족의 옷을 입히다

효문제는 뤄양으로 도읍을 옮긴 뒤 한화(漢化) 정책을 적극적으로 추진했다. 곧 선비족의 한족화를 추구한 것이다. 이를 위해 다양한 개혁을 시도했는데, 먼저 태화 18년(494), 효문제는 고려라는 사람에게 중국의 고악(古樂: 옛 음악)을 정리하게 했다. 이듬해에는 노성에서 직접 공자에게 제사를 지냈고, 관리 제도의 개혁을 명령했다. 북위 초기에는 선비족과 한인이 세운 왕조들의 관직명이 뒤섞여 있었는데, 효문제는 뤄양으로 도읍을 옮긴 뒤 왕숙에게 관리 제도를 개정하게 했다.

효문제의 천도로 평성에서 뤄양으로 이주한 사람은 자그마치 100만 명에 달했는데, 이들을 '대천호(代遷戶)'라 불렀다. 대도(代都), 즉 북위 왕조의 발상지에서 이주해 온 사람들을 뜻한다.

효문제의 개혁령에 따라 이들 대천호는 「낙양적(洛陽籍)」에 등록되었으며 죽은 후에는 뤄양 북쪽 북망한에 묻히게 되었다. 또 대천호는 모두 선비족의 옷을 벗고 한족의 옷을 입어야 했으며, 선비족의 언어가 아닌 뤄양의 언어, 즉 한족어를 사용해야 했다. 선비족의 성은 한족의 성으로 바꾸어야 했다. 이 모든 것이 법령으로 만들어져 발표되었다. 또한 죽은 뒤에도 과거 본거지였던 북쪽에 묻히지 않도록 했다. 당시 한족에게는 문벌제도가 이미 형성되어 있었는데, 효문제는 이 문벌제도를 확인하고 선비족 귀족 내부까지 확대하도록 했다.

황실에서도 탁발이라는 성을 원(元)으로 고쳤다. 효문제는 선

- **효문제**

  선비족 국가인 북위를 중국식 황조로 만들기 위해 성씨, 언어, 복장 등을 한족식으로 바꾸어 사용하도록 했다. 사진은 「북위효문제예불도」이며, 동그라미로 표시된 인물이 효문제다.

비족과 한족 귀족 간의 혼인을 권장했는데, 솔선수범해 한족의 최(崔)씨, 노(盧)씨, 정(鄭)씨, 왕(王)씨 등 네 가문의 딸을 후비로 삼고, 동생 다섯에게도 한족 호족의 딸을 정실로 삼게 했다. 한편 황녀를 한족 호족에게 시집보내 노씨 가문에만 황녀 셋이 시집을 가게 되었다.

효문제는 귀족제의 정비와 함께 구품중정제도 실시했다. 구품중정제는 일부 5호 제국에서도 실시된 바 있었다. 북위에서는 중정관의 임무가 주군의 속관에만 한정된 것이 아니라 중앙관이 임명도 취급하도록 개정했다. 이처럼 효문제는 여러 방면으로 다양한 개혁을 실행시켜나갔다.

어느 날 효문제는 뤄양 거리에서 선비족 옷차림을 한 부인이 수레에 타고 있는 모습을 보았다. 이 일을 조정 회의에서 논의하면서, 개혁 실현의 책임자로서 열심히 일하지 않았다며 임성왕 탁발징을 꾸짖었다. 그러자 탁발징은 그런 일은 일부 소수에 지나지 않는다고 변명했다. 그러자 효문제는 "그럼 선비족 모두가 선비족의 옷차림을 하고 있을 때 일을 열심히 하지 않았다고 말해야겠소?"라고 꾸짖으며 기록관에게 이 일을 기록하도록 명령했다. 이처럼 효문제의 개혁은 선비족의 한족화가 핵심 내용이었다. 북위는 한화 정책으로 지배력이 안전하고 견고해졌다.

북위가 동위와 서위로 갈라지다

499년 33세의 효문제는 남방 원정에 나섰다가 병이 들어 귀국하던 중 안타깝게 사망했다. 효문제가 죽고 북위는 점점 쇠퇴했다. 결국 북부 변경 지방의 군벌을 기반으로 세력을 떨치던 한족 출신 고환에게 지배당했다.

북위의 마지막 황제 효무제(재위: 532~534)는 고환의 멸시를 견디다 못해 장안으로 도망쳐 관서 대도독 우문태에게 몸을 맡기고 그를 대승상에 임명했다. 고환은 효무제를 체포하기 위해 추격했으나 실패했다. 청하왕의 아들 선견을 황제로 삼고 나라 이름을 '위'라고 했으니, 역사에서는 이 나라를 '동위(東魏)'라 부른다. 이로써 초대 황제 도무제로부터 12대를 거쳐 149년 동안 이어져온 북위는 동위와 서위로 나뉘었다.

장안으로 도망쳐 우문태에게 의지했던 효무제는 반년 후 독살당했고, 우문태는 남양왕 보거를 황제로 세우고 나라 이름을 '위'라 칭했는데, 이 나라를 '서위(西魏)'라 부른다. 두 황제가 동서로 대치했지만 사실상 이 두 황제는 허수아비였다.

동위의 효정제(재위: 534~550) 선견은 어느 날 울적한 기분을 달래기 위해 말이라도 탈 생각으로 말이 있는 곳으로 갔다. 그런데 관리가 천자는 말을 타면 안 된다며 말렸다. 이유를 물었더니 대장군이 크게 노할 것이라고 했다. 또 하루는 효정제가 고환의 아들 고징과 술을 마시다가 스스로를 '짐'이라고 말했다. 그러자 고징이 크게 화를 내며 "짐이라니, 네가 말하는 짐 따위는 개도 먹지 않는다"며 주위 사람들에게 황제를 구타하게 했다. 그런데 효정제는 이 같은 무례를 책망하기보다 구타한 자에게 머리를 숙이고 비단 100필을 보냈다고 한다.

'동위'는 '북제'로, '서위'는 '북주'로

550년 고환의 다른 아들 고양은 동위의 황제를 쫓아내고 스스로 황제의 자리에 올라 나라 이름을 '제'로 고쳤다. 역사에서는 이를 '북제(北齊)'라 부른다. 한편 우문태의 아들 우문각도 556년 서위의 황제를 끌어내리고 장안에서 황제의 자리에 올라 나라 이름을 '주'로 고쳤다. 역사에서는 이를 '북주(北周)'라 부른다. 북제와 북주는 황허강을 사이에 두고 위치해 있었다. 처음에는 황허강 서쪽에 있는 북주가 북제보다 세력이 약했다.

북주는 황허강 건너편의 북제가 꽁꽁 언 강을 따라 침입해오지 않을까 걱정하며 해마다 황허의 얼음을 깨 북제 군대의 침입을 막았다. 그러나 시간이 지날수록 북주의 세력이 점차 강해졌고, 반대로 북제 군대가 황허강의 얼음을 깨면서 북주의 침입을 저지했다. 시간이 갈수록 북제는 북주에 비해 세력이 약해졌는데, 주요 원인으로 한족의 선비족화를 들 수 있다.

북제의 창시자인 고환은 선비족화된 한족이었고, 그의 신하들 대부분은 북방 변경 지대의 비한족화한 선비족이었다. 고환은 용맹한 선비족 군인의 힘을 바탕으로 정권을 유지했다.

신하들이 한족을 비롯한 여러 민족 섞여 있었기 때문에 고환은 민족 문제에 신경을 많이 썼다. 선비족 앞에서는 자신이 선비족임을 강조하며 선비족의 언어를 사용했고, 한족 앞에서는 한족 출신이라며 한족 언어를 사용했다. 고환의 아들 고양이 즉위한 북제 초기에는 100여 명의 장군, 대신 가운데 선비족과 선비족화한 한족이 90여 명에 이르렀고 한족 출신 가운데 요직에 있는 사람은 거의 없었다.

고양은 한족 관리인 두필에게 나라를 잘 다스리려면 어떤 사람을 등용하는 것이 좋은지 물었다. 두필은 자기의 평소 생각대로 "선비족은 말과 수레를 다루는 데 익숙할 뿐, 나라를 다스리는 데는 한족을 등용해야 합니다"라고 대답했다.

이 대답은 한족을 선비족화하려는 자신의 뜻과 일치하지 않는다며 두필을 죽여버렸다. 고양은 자신의 아들인 고은도 한족의 영향을 받았다고 하여 황태자가 된 뒤에도 폐위된 황자처럼 대우했다. 이러한 정책으로 북제는 강대국으로 성장하지 못하고 나날이 쇠퇴해갔다. 결국 북제는 북주에 멸망당하고 말았다.

북주가 북제를 무너뜨리고 천하 통일을 꿈꾸다

우문태가 죽은 뒤 그의 아들 우문각이 서위를 멸망시키고 북주를 세웠다. 이후 560년 우문각의 넷째 아들 우문옹이 황제의 자리에 오르는데, 이가 북주의 무제(재위: 560~578)다.

무제는 선비족의 문화를 벗어나 한족 문화의 장점을 받아들이기 위해 노력했다. 그는 여러 좋은 정책을 펼쳤지만 그중에서도 노비 해방, 불교 폐지, 「형서요제(刑書要制: 법에 의해 나라를 다스리겠다는 의미의 문서)」 제정이 가장 의미가 크다.

먼저 노비 문제는 선비족 귀족의 본래 습관을 그대로 따르는 것이 원인이었다. 예를 들어 전쟁에서 생포한 사람을 노비로 부리는데, 북위 시대 이래 200년 동안 수많은 전쟁에서 포로가 되어 노비가 된 사람이 많았기에 사회문제로 대두되었다.

우문태의 시대에도 이러한 관습이 이어져 수많은 사람이 노비가 되었다. 무제는 「조서」를 내렸다. "옛 제도에서도 아버지가 죄를 범했을 경우 그의 자식까지 연좌되는 법은 없다. 그러나 지금은 아버지가 노비인 경우 그의 손자까지도 노비로 삼고 있다. 이것은 옛 제도에도 위배될 뿐 아니라 법이라 할 수 없다." 그러고는 모든 노비와 잡호(雜戶: 노비보다 높고 평민보다 낮은 지위)를 석방하도록 명령을 내렸다. 이로써 위·진 시대 이래 수백 년 동안 문제가 되었던 노비 문제가 해결되었다.

둘째로 불교 폐지다. 남북조 시대는 전란과 천재지변으로 백성들이 생활고에 시달렸다. 백성들은 무언가에 의지하고픈 마음에 불교를 많이 믿었다. 이 때문에 사원이 많이 세워지고 승려들이 많아져 국고와 병력이 부족했다.

557년 무제는 업성에 승려 500여 명을 모아놓고 불교의 폐지를 선언했다. 당시 고승 혜승법사는 불교 폐지를 주장하는 사람은 죽어서 지옥에 떨어져 고통을 받을 것이라며 대항했다. 그러자 무제도 "백성들의 생활이 편해진다면 내가 지옥에 떨어지는 것은 무섭지 않다"고 응수했다. 결국 무제는 불교 폐지를 단행해 4만 개가 넘는 사원과 그에 속한 토지 모두를 국가 소유로 삼았으며, 300만 명에 가까운 승려가 승복을 벗고 속세로 돌아왔다.

마지막으로 「형서요제」를 제정한 일이다. 무제가 만든 법에 따라 나라를 다스린다는 의미에서 중요한 문서였다. 실상은 백성을 억압하는 내용이었지만, 조항 가운데는 호족이나 부정한 관료에 대한 형벌 규정도 있어 범법자에 관해서는 신분의 귀천을 가리지 않고 평등하게 다스린다는 형평 사상이 포함되어 있었다.

이처럼 무제의 개혁 정치로 중국 북부는 점차 강대해지고 북부의 각 소수 민족도 서로 융합하게 되었다. 무제는 577년 북제를 멸망시키고 북쪽으로는 몽골고원에서 유목 생활을 하고 있던 돌궐을 멸망시켰다. 남쪽으로는 양쯔강을 사이에 두고 대치하고 있던 남조의 진을 차지해 천하를 통일할 꿈을 가지고 있었다.

578년 무제는 친히 대군을 거느리고 돌궐 정벌에 나섰으나 안타깝게도 도중에 병사했다. 서른여섯의 젊은 나이로 천하 통일의 꿈을 이루지 못한 채 세상을 떠난 것이다. 무제가 죽은 지 4년 뒤 북주의 토대가 무너졌고, 이후 한족 양견이 북주를 무너뜨리며 수나라를 세웠다.

남북조 시대가 막을 내리고 통일 황조 수나라가 세워지다

양견은 홍농 화음(華陰, 지금의 섬서성 화음현) 출신이다. 그의 아버지 양충은 서위와 북주의 요직에 있던 사람으로 서위 시대에는 12대 장군 가운데 한 사람이었고 북주 때는 수국공에 봉해졌다. 양충이 죽자 아들 양견이 아버지의 작위를 이어 수국공이 되었으며, 그의 딸은 무제의 아들 선제(재위: 578~579)의 황후가 되었다. 선제가 죽고 여덟 살인 어린 황제 정제(재위: 579~581)가 즉위하자 양견은 태후의 아버지가 되어 정권을 잡았다. 북주를 장악한 양견은 결국 북주를 대신해 수나라를 세웠다.

한편 남조의 진나라에서는 마지막 황제 후주 진숙보(재위: 582~589)가 밤낮으로 술과 유흥에 빠져 나라의 멸망을 향해 달려가고 있었다. 이를 본 신하 장화가 안타까운 마음에 「상소」를 올렸다.

폐하께서는 황제의 자리에 오른 지 이미 5년이 되었지만, 선조의
창업 공을 잊으시고 주색에 빠져 정사를 외면하고 계십니다. 조상
을 제사 지내는 중대한 의식에는 모습을 나타내지 않으시고 여자
를 고르는 일에는 반드시 참석하시니 이럴 수는 없습니다. 충직한
신하는 조정을 회피하고 간사한 무리가 조정에 들끓고 있습니다.
만약 폐하께서 이를 바로잡지 않으시면 우리 국토는 황폐해지고
말 것입니다.

　진숙보는 장화의 「상소문」을 보고도 전혀 반성하지 않고 오히
려 그의 목을 베었다.

　588년 수의 문제 양견은 진숙보의 스무 가지 죄목을 열거해
강남 지방에 알리고 50만 대군을 출동시켜 진을 토벌하라는 명
령을 내렸다. 양쯔강을 수비하고 있던 군대로부터 수나라 군사
가 공격해왔다는 보고가 들어오자 진나라 신하들은 모두 깜짝
놀랐다. 하지만 진숙보는 꿈적하지 않고 진나라가 망할 이유가
없다면서, 북제가 세 번, 북주도 두 번이나 공격해왔지만 모두 실

패한 지난 과거의 사실을 그 이유로 들었다.

진숙보가 이런 생각에 빠져 있을 때 수나라 군사는 양쯔강을 건너 궁까지 쳐들어왔다. 사태가 여기까지 이르자 진숙보도 당황해 두 명의 후궁과 함께 우물 안으로 숨었다가 생포되고 말았다. 이후 589년 진숙보는 장안으로 압송되고 결국 남조 최후의 왕조인 진나라도 멸망했다.

남조의 수도였던 건강은 손권의 오나라, 동진, 송, 제, 양, 진 여섯 왕조의 수도였기에 '육조의 고도'라고 불린다. 이러한 건강도 진나라의 멸망과 함께 왕조의 수도로서 마지막 발자취를 남기게 되었다. 1세기 반에 걸친 남북조 분열의 시기도 수나라의 통일과 함께 막을 내렸다.

'오랑캐도 부처가 될 수 있다'

북위 화평 원년(460) 사문통(沙門統: 종교의 수장)이었던 담요가 북위 문성제의 허락 아래 평성 무주 요새, 즉 원강에서 석굴을 파기 시작했다. 담요는 총 다섯 개의 석굴을 만들었는데, 훗날 말 그대로 '담요오굴'이라 불리게 된다. 다섯 개의 석굴은 모두 돔형 천장에 평면은 타원형이다.

담요는 석굴을 파고 불상을 만드는 데 온 힘을 쏟았다. 황실의

복을 빌고 군주의 환심을 사려는 목적도 있었지만, '오랑캐는 부
처가 될 수 없다'는 당시의 주장을 반박하기 위한 목적도 있었다.
불교의 기나긴 역사와 불교가 영원히 후세에 전해질 것을 기원
하는 마음도 있었다. 이를 위해서는 종교의 이익과 왕권의 이익
이 긴밀하게 연결되어야 했다.

  북위 효문제의 할머니인 태황태후 풍 씨는 불법을 깊이 믿었
다. 그녀가 정사에 간섭한 10여 년 동안 부처에게 복을 비는 풍토
가 전국에 널리 퍼졌다. 이로써 윈강석굴도 오직 황실만 만들 수

있는 것이 아니라 일반 관리, 승려, 지주도 돈을 내면 만들 수 있었다. 윈강석굴은 북위의 도성 근처에 거주하는 불교도들의 중요한 활동 장소가 되었다.

윈강석굴의 양식은 세 가지에서 기원한다. 첫째는 중국 고유의 조각 전통, 둘째는 외국 승려를 통한 사자국(스리랑카)의 영향, 셋째는 서역에서 전해진 간다라 미술의 영향이다. 윈강석굴은 이 세 가지 유형을 한곳에서 모두 살펴볼 수 있는 흥미롭고도 중요한 문화유산이다.

우아하고 단아한 멋을 풍기는 룽먼석굴

북위의 효문제가 뤄양으로 도읍을 옮기자 평성의 불교 승려와 장인들이 모두 뤄양으로 모여들었다. 이들은 북위 황족을 위해 대규모 룽먼석굴을 파고 불상을 만들었다. 그러면서 차츰 윈강석굴을 대신하게 되었고, 이후 여러 왕조를 거치면서 규모는 차츰 웅장한 석굴군을 이루었다. 북위 시대에 만든 대표적인 석굴로는 구양둥, 빈양싼둥, 롄화둥을 꼽을 수 있다.

룽먼석굴의 제작은 북위 태화 12년(488)에 북위의 혜성이 구양둥을 파면서 시작되었다. 북위 후기의 예술 수준을 대표하는 석굴은 롄화둥으로, 조각 수법이 윈강석굴의 수직 도법(조각칼을

- **룽먼석굴의 비로자나불**

  중앙에 있는 자애로운 표정의 큰 좌불이 룽먼석굴의 대표적 불상인 비로자나불이다. 윈강석굴의 본존 불상에 비해 우아하고 정교한 느낌을 준다. 높이는 무려 17.4미터에 이른다.

수직으로 세워 조각하는 도법)과 수평 도법(조각칼을 수평으로 눕혀 조각하는 도법)에서 둥근 칼을 사용하는 도법으로 변화했고, 예술 양식도 이전의 거칠고 투박한 느낌에서 우아하고 단아한 느낌으로 탈바꿈했다.

북위의 불상은 불교의 한족화와 세속화의 추세를 그대로 드러낸다. 이는 효문제의 뤄양 천도 이후 이루어진 민족 융합의 특징을 반영한다. 룽먼석굴은 윈강석굴의 양식을 계승하면서도 새로운 것을 더해 끊임없이 발전하였다.

혼란한 시대에 종교로 위안을 얻다

위·진·남북조 시대의 백성들은 잦은 전쟁과 왕조의 교체, 그로 인한 사회적 혼란으로 하루하루 살아가는 것이 지옥과도 같았다. 이 때문에 정신적 위안과 마음을 안정시켜줄 종교가 필요했다.

이러한 현실을 배경으로 불교와 조로아스터교가 서역을 통해 도입되었고, 도교가 교단을 구축하며 종교적 위상을 확립했다. 특히 불교와 도교는 민중에게 큰 사랑을 받아 곳곳에 사원이 건축되었고, 불상과 신상이 조각되었으며, 종교화가 그려졌다.

도교는 후한 말기에 등장한 태평도교와 오두미도를 기원으로 한다. 즉 노장사상, 민간신앙, 참위설(讖緯說: 천체의 변화와 『경서』의 내용을 통해 미래를 예측하는 학설) 등을 포함한 사상이다. 주로 불로장생이나 신선 사상, 미래 예언같이 백성들이 크게 호응할 만한 내용을 담고 있어 널리 보급되었다. 이후 동진의 갈홍에 의해 이론이 만들어지고 북위의 구겸지에 의해 교단이 설립되었다. 북위에서는 국교로 받아들였으며 한때는 불교를 위협하기도 했다.

강남 지역이 경제 중심지로 발돋움하다

위·진·남북조 시대는 이전 시대와 비교해 경제적으로 여러 가지 큰 변화가 있었다. 우선 남북과 서쪽의 영토가 차츰 개발되었다. 즉, 수많은 국가가 성립과 멸망을 반복하면서 양쯔강 유역과 이남의 개발이 두드러졌던 것이다.

오나라에 의해 개발되기 시작한 강남 지역은 동진 시대에 들어서면서 더 크게 발전했다. 이 시기 화베이 지역의 전통적인 지배 세력인 한족이 5호의 침입을 피해 대거 강남으로 이주했고, 이들이 화베이 지역으로 돌아가기 위해 강남 개발에 힘을 기울였기 때문이다. 화베이 지역의 선진 농업 기술을 강남 지역에 옮겨 과거 변방이었던 이 지역의 경제력이 크게 향상되었던 것이다. 이 영향으로 남북조 시대 말기에 들어서면 강남 지역의 경제

력은 화베이 지역의 경제력과 어깨를 나란히 할 정도의 수준이
되었다.

　오나라부터 남조까지 강남의 수도였던 건강은 강남 경제의 중
심지로서 동남아시아의 배는 물론 로마제국의 무역선도 출입하
는 국제도시로 성장했다. 조그만 도시였던 건강이 남조 시대 강
남 정권의 거점 도시가 된 것이다.

⋮

덜그럭덜그럭 목란이 방에서 베를 짠다.

베틀 소리 멈추고 긴 한숨 소리 들려온다.

무슨 걱정인가 물으니

어젯밤 군첩이 내려졌는데 가한께서 군사를 부른다 하오.

그 많은 군첩 속에 아버지도 끼어 있소.

우리 집엔 장남 없고, 목란에겐 오라비 없으니

내가 안장과 말을 사, 아버지 대신 싸움터에 나가겠소.

⋮

－「목란시」

　총 62구 333자로 이루어진 「목란시」는 북위 때 지어진 북방

소수민족의 대표적인 민가(民歌)라고 한다. 주인공 목란은 아버지를 대신해 전쟁터에 나가 공을 세우고 돌아온다. 목란의 이야기는 디즈니 애니메이션 〈뮬란〉으로도 제작되었다. 유목민 출신인 목란의 가족은 정착해 살면서 옷감도 짜고 농사도 지으면서 한족 문화에 익숙해졌다. 한족과 유목 민족이 어울려 살던 당시 모습을 엿볼 수 있는 장면이다.

위·진·남북조 시대에는
토지 문제에 어떻게 대처했을까?

위·진·남북조 시대 지배층인 문벌 귀족은 대부분 후한 시대부터
존재한 호족 출신이다. 호족들은 본래 대토지 소유를 기반으로
성장한 세력이었기 때문에 문벌 귀족도 대토지와 노예를 소유하
려 했다. 문벌 귀족은 대토지를 소유하고 높은 관직을 독차지하
며 부를 누리게 된다. 하지만 국가는 대토지 소유를 억제하고 자
영농을 육성하는 것이 중요한 문제였다. 그래서 위나라에서는
둔전제, 서진에서는 점전제와 과전제, 북위에서는 균전제가 등장
한다.

　위나라의 둔전제는 전쟁이나 개간을 통해 새롭게 확보한 토지
를 농민에게 나누어주어 생활을 안정시키기 위한 제도로, 이것
은 국가가 농민에게 토지를 분배한다는 것을 의미했다. 또한 둔
전제는 토지를 받은 농민에게 해당 지역의 군대에 필요한 경비

를 조달하는 역할을 맡겨 군사력을 강화하려는 것을 목적으로
했다. 즉 농민 생활 안정과 군대 유지라는 두 가지 목적을 위한
것이다.

서진의 점전제는 불법적으로 막대한 토지를 차지하는 것을 제
한하기 위한 제도이고, 과전제는 토지의 양에 따라 세금을 달리
징수하는 제도다. 두 제도는 일반 농민이 토지를 확보할 수 있게
하고, 귀족이나 관료에게는 관품에 따라 토지 보유액의 한도를
정해 무분별한 토지 겸병을 규제하려 한 것이었다.

위의 세 가지 제도는 국가가 토지를 소유하는 것을 전제하고
토지를 관리하는 방법을 제시한 것으로, 이를 종합한 제도가 북
위의 균전제다. 485년 한족 관료인 이안세의 건의에 따라 시행한
균전제는 농사를 짓는 자가 토지를 소유해야 한다는 '경자유전
(耕者有田)'의 원칙에 따라 국가가 15세 이상의 정남에게 토지를
나누어주는 대신, 조세와 역을 부과하는 토지 제도다.

즉, 15세에서 70세까지 성인을 대상으로 노전(露田)은 남자
40무, 여자 20무를 지급하고, 마전(麻田)은 남자 10무, 여자는 5무
를 지급했다. 이 토지는 70세가 되거나 사망 시에 국가에 반환해
야 했다. 마 경작이 어려운 토지일 경우에는 상전(桑田)을 지급했
는데, 성인 남자가 20무를 지급받았다. 균전제는 농업 생산력의

회복과 국가의 세수 확보가 목적이었다.

균전제를 시행하려면 전국에 걸친 토지 소유의 현황과 대상자의 성별과 연령이 구분된 호적이 작성되어야 했다. 이를 위해 삼장제(三長制)가 실시되었다. 삼장제는 5가(家)를 1린(隣)으로, 5린을 1리(里)로, 5리를 1당(黨)으로 조직하고, 각각 인장, 이장, 당장을 두어 호적 작성, 조세 징수 및 요역 징발, 치안 유지의 책임을 맡기는 일종의 인보제(隣保制)다.

이처럼 다양한 제도가 등장하면서 국가가 토지를 소유한다는 개념을 형성했고, 문벌 귀족의 대토지 소유를 일시적으로나마 막을 수 있었다. 이는 뒤에 등장하는 수나라와 당나라에도 영향을 미쳤다.

빈익빈 부익부의 문제는 과거나 지금이나 해결하기 힘든 과제다. 국가별로 각종 복지 정책과 세금 제도를 통해 해소하려 하지만 근본적인 해결은 여전히 쉽지 않다. 우리 사회가 이 문제를 해결하기 위해 우선적으로 고려해야 할 사항이 무엇인지 함께 고민해보자.

불교가 중국어에도 영향을 주었다고?

위·진·남북조 시대에는 인도에서 전해진 불교가 크게 유행했다. 처음에는 외래문화로서 중국 문화에 융합되었던 불교문화가 중국의 정치, 경제, 사회, 건축, 회화, 음악 등 여러 방면에 깊은 영향을 미친 것이다.

우선 인도의 불교회화 기술이 중국에 전해지면서 중국 회화 기술이 발전할 수 있었다. 특히 남북조 시대에는 불교의 내용을 담은 불화가 많이 그려졌다. 불교를 널리 전파하려는 목적으로 불교의 풍부하고 다채로운 종교적 상상력을 반영해 중국 조각 예술도 발전하게 되었다.

중국 조소 예술은 내용과 주제 면에서는 사람과 동물보다는 부처와 여러 신이 주로 등장했고, 예술 형식은 소박하고 직설적인 데서 벗어나 정교하게 변화했다.

- **구마라습**
  인도의 승려인 구마라습은 전진의 왕 부견에 의해 중국에 들어온 뒤 『불경』 번역에 힘썼다. 사진의 동상은 키질석굴 입구 광장에 세워져 있다.

　『불경』의 번역도 중국 문화에 중요한 역할을 했다. 후진 시대에 인도 승려 구마라습이 중국에 와서 많은 불경을 번역했다. 물론 이전에도 불경 번역은 있었지만 모두 부분적인 것이었고, 구마라습 시대에 와서야 불경으로 체계가 잡혀 불교의 진짜 면모를 드러냈다.

　인도 종교인 불교의 경전은 당시 인도에 있었다. 중국 고승들은 모두 석가모니가 태어난 인도를 찾아가 원시 경전을 구해오는 것을 영광으로 생각했다. 후진 사람인 석법현은 399년 장안을 출발해 인도로 가서 11종의 불경을 가지고 돌아왔다. 그는 인도에서 산스크리트어를 배웠고 돌아와서는 불경을 번역했다.

불경을 번역하는 과정에서 한자의 결점이 드러났다. 한자는 음절이 단조롭고 단어가 부족했으나 산스크리트어는 사상과 의식을 다양하게 표현할 수 있었다. 그래서 중국에서도 새로운 글자들이 많이 만들어졌다. 보살(菩薩), 열반(涅槃), 찰나(刹那) 같은 단어들이 그 예다. 또한 불경을 대중에게 낭독하는 과정에서 음조까지 보완하고, 중국 한자에 네 개의 성조를 도입하게 된다. 우리가 흔히 떠올리는 중국어의 특징인 성조도 인도 언어인 산스크리트어를 기반으로 만들어진 것이다.

이처럼 인도에서 건너온 외래 종교인 불교가 중국에 정착해 중국 문화에 큰 영향을 미치게 되었다. 불교는 다시 중국에서 한국과 일본으로 건너가 영향을 주었다. 우리 주변에 남아 있는 불교문화는 사실 이 시기에 들어온 것이라 할 수 있다. 지금까지도 불교에 영향을 받은 우리말과 문화에는 어떤 것들이 있는지 조사해보자.

분열의 시대에서
역동의 시대로

황건적의 난으로 후한이 멸망한 뒤 위·촉·오가 대립하는 삼국 시대가 시작되었다. 280년 서진이 잠시 전국을 통일했지만 얼마 되지 않아 내란으로 다시 분열했고, 결국에는 이들도 북방 이민 족의 침입으로 멸망했다. 이후 중국은 남과 북이 분열하고 대립 하는 시기인 위·진·남북조 시대로 접어든다. 화베이에서는 5호 (선비, 저, 강, 갈, 흉노)가 흥망을 거듭하며 패권을 둘러싸고 각축을 벌였고, 선비족의 탁발부가 건립한 북위가 최종 승자가 되었다. 강남에서는 건강을 중심으로 동진이 성립되었고, 이후 송·제· 양·진의 남조 국가가 교체되었다.

전란의 시대인 위·진·남북조는 여러 국가가 성립하고 멸망하기를 반복했다. 이전까지는 5호 16국 시대를 폭군이 속출한 난세로 보았다. 그러나 이 시대에 호족과 한족의 대립만 있었던 것은 아니다. 5호 시대를 거치면서 호족과 한족은 스스로의 장단점과 한계를 인식했고, 이것은 북조에서 호·한의 융합 체제를 성립시키는 원동력이 되었다. 이로써 중국의 문화에 활력을 불어넣은 역동적인 시기이기도 했다. 각국은 경쟁에서 살아남기 위해 안팎으로 나라의 재정을 튼튼히 하고 군사력을 강화하는 노력을 했다.

따라서 위·진·남북조는 '분열의 시대'였지만, 한편으로는 '역동의 시대'라고도 부를 수 있다. 이 시기는 진·한 시대라는 통일 제국의 역사적 경험을 토대로 하고 있기 때문에, 통일 시대의 문제점을 알고 있었고 이를 극복하기 위한 방법을 끊임없이 모색했다. 이러한 노력은 나중에 통일 중국에서 국가 운영에 필요한 균전제와 같은 제도를 마련하는 결과를 가져왔다.

위·진·남북조 시대는 수나라가 다시 중국 전체를 통일하기까지 여러 면에서 혼란스러웠지만, 회화, 조각, 서예, 건축 등 예술 분야가 발전했고, 한족의 문화와 북방 민족의 문화가 한데 어우러지면서 문화의 폭도 넓어졌다. 또한 많은 국가가 생성과 소멸을 반복하면서 영토가 남북과 서쪽 방향으로 확장·개발되었고, 특히 양쯔강 유역 및 그 이남의 개발이 두드러지면서 강남은 경제의 중심지로 우뚝 섰다.

이처럼 위·진·남북조 시대는 중국의 문화와 경제의 기반이 마련된 시기라 할 수 있다. 문화와 경제의 성장을 바탕으로 수나라 남북을 통일해 300년 간 지속된 분열의 시대를 마감한다. 위·진·남북조 시대의 변화와 발전이 이후 등장하는 중국 통일 제국의 탄탄한 토대가 된 것이다.

최근 세계는 급속도로 지구화되어가고 있다. 국가와 민족이라는 근대적·분열적 개념에서 벗어나 전 인류가 하나의 공동체라는 인식이 커지고 있다. 인류 공동체에서는 너 나 할 것 없이 누구나 주인공이다. 선진국 vs. 후진국, 중화 vs. 오랑캐, 일등시민 vs. 이등시민과 같은 이분법적인 생각은 이제 구시대적인 유물에 지나지 않는다.

위·진·남북조의 역사에서도 한족만이 주인공이 아니라 오랑캐로 취급받던 5호가 역사의 주인공으로 등장하면서 중국사는 새로운 전환점을 맞이했다. 우리도 현재 흘러가고 있는 역사의 방향을 잘 살펴보면서 새로운 시대의 주인공으로서 어떻게 살아갈지 고민해야 한다. 그것이 우리가 역사를 공부하는 참된 이유다.

참고문헌

1. 국내서적

김희영, 『궁금해서 밤새 읽는 중국사』, 청아출판사, 2016.

김희영, 『이야기 중국사 2』, 청아출판사, 1986.

맥세계사편찬위원회, 『중국사 상』, 느낌이있는책, 2014.

서울대동양사학연구실, 『강좌 중국사 2』, 지식산업사, 1989.

신성곤·윤혜영, 『한국인을 위한 중국사』, 서해문집, 2004.

신채식, 『동양사개론』, 삼영사, 2006.

우경윤, 『청소년을 위한 세계사: 동양편』, 휴머니스트, 2014.

이공범, 『위진남북조사』, 지식산업사, 2003.

전국역사교사모임, 『처음 읽는 중국사』, 휴머니스트, 2014.

홍문숙·홍정숙, 『중국사를 움직인 100인』, 청아출판사, 2011.

2. 번역서적

미야자키 마사카츠, 이영주 옮김, 『하룻밤에 읽는 세계사』, 랜덤하우스코리아, 2000.

미야자키 이치사다, 임중혁 옮김, 『중국중세사』, 신서원, 1996.

미야자키 이치사다, 조병한 옮김, 『중국통사』, 서커스출판상회, 2016.

백양, 김영수 옮김, 『맨얼굴의 중국사 2~3』, 창해, 2005.

이나미 리츠코, 이동철·박은희 옮김, 『중국을 움직인 거인들』, 민음인, 2008.

진순신, 박현석·이수경·전선영 옮김, 『진순신 이야기 중국사 1~7』, 살림, 2011.

진순신·증선지, 천승세 옮김, 『십팔사략 5』, 중원문화, 2015.

연표

시기	내용
기원후 184	황건적의 난이 발생함.
200	관도대전이 발발함.
208	적벽대전이 발발함.
220	후한이 멸망하고 위나라 건국함.
221	유비가 촉나라를 건국함.
229	손권이 오나라를 건국함.
265	사마염이 진(晉)나라를 건국함.
280	오나라 멸망함, 진(晉)이 중국을 통일함.
291~306	팔왕의 난이 발생함.
311	영가의 난이 발생함.
316	진(晉)이 멸망함.
317	사마예가 동진을 건국함.
351	부견이 전진(前秦)을 건국함.
383	비수대전이 발발함.
386	탁발규가 북위를 건국함.
420	유유가 송나라를 건국함.
439	북위가 북조를 통일함, 남북조가 성립함.
471	북위 효문제가 즉위함.
479	제나라를 건국함.
485	북위에서 균전제를 실시함.
493	북위가 뤄양으로 도읍을 옮김.
494	윈강석굴을 완공함.

시기	내용
502	양나라를 건국함.
520년경	달마대사가 중국에 도착함.
534	북위가 멸망하고 동위와 서위로 분열됨.
557	진(陳)나라를 건국함.
581	양견이 수나라를 건국함.

생각하는 힘-세계사컬렉션 12

위·진·남북조
분열과 역동의 시대

펴낸날	**초판 1쇄 2019년 3월 25일**

지은이	**최미현**
펴낸이	**심만수**
펴낸곳	**(주)살림출판사**
출판등록	**1989년 11월 1일 제9-210호**

주소	**경기도 파주시 광인사길 30**
전화	**031-955-1350**　팩스　**031-624-1356**
홈페이지	http://www.sallimbooks.com
이메일	book@sallimbooks.com

ISBN	978-89-522-3856-6　04900
	978-89-522-3910-5　04900(세트)

※ 값은 뒤표지에 있습니다.
※ 잘못 만들어진 책은 구입하신 서점에서 바꾸어 드립니다.
※ 각각의 그림에 대한 저작권을 찾아보았지만, 찾아지지 못한 그림은
　 저작권자를 알려주시면 그에 맞는 대가를 지불하겠습니다.

이 도서의 국립중앙도서관 출판예정도서목록(CIP)은 서지정보유통지원시스템 홈페이지
(http://seoji.nl.go.kr)와 국가자료종합목록시스템(http://www.nl.go.kr/kolisnet)에서
이용하실 수 있습니다.(CIP제어번호: CIP2019008512)

책임편집·교정교열 **박일귀**　지도 일러스트 **김태욱**